CARTAS A CRISPINA

LAMBERTO ROQUE HERNÁNDEZ

CARTELES
editores

Primera edición. Oaxaca, México, mayo 2002

Cartas a Crispina
©Lamberto Roque Hernández

Diseño Editorial: Carteles Editores.
Se terminó de imprimir en el mes de mayo 2002, en los talleres de Carteles Editores-PGO, y se encuadernó en Encuadernadora Profesional Colón, oficinas ubicadas en Colón 605-centro.

Tiraje efectivo: 1 000 ejemplares

ISBN: 968-7984-41-4

ÍNDICE

INTRODUCCIÓN

I

De la escritura de *Cartas a Crispina* transpira una vigorosa fuente de singularidades que sitúan a su autor, Lamberto Roque Hernández, en la incierta condición del trasterrado, aunque Roque es de los que se atreven a fugarse cuando quieren. En el doble distanciamiento, de su propio territorio –que es decir orígenes, raíces, familia, lo cual no es para nada cosa de poca monta– y del visitado, la mano que escribe, su nerviosidad y su aplomo, se permite marchar entreaguas, ir sobre linderos. No podría ser aquí ningún otro hecho que lo ejemplificara mejor que la lengua, esa casa del ser, de acuerdo con Heideger. Y decir lengua es decir la manera y las razones con que Roque testifica en escritura lo que vive.

II

Hilado a modo de ensayos breves, anotaciones no tan íntimas del personal diario, epístolas, estampas, viñetas, *Cartas* devela el hilo que surce la transformación del exilado que se agazapa tras la única protección posible, el estupor y el mutismo, al individuo que asume su condición de extranjeridad y la enfrenta, va por ella pero también huye de ella y en cuanto le es posible sumergirse en sí sale de sí, aunque no sea ya el mismo, es *los otros todos que nosotros somos–,/ soy otro cuando*

soy, los actos míos/ son más míos si son también de todos,/ para que
pueda ser he de ser otro,/ salir de mí, buscarme entre los otros,/ los otros
que no son si yo no existo,/ los otros que me dan plena existencia,/ no
soy, no hay yo, siempre somos nosotros, en total vigencia con el Paz
que disecta, con hermosa exactitud, una definición del ser, en nuestro
más ahora, en nuestro más hoy, el autoexilio, mejor dicho el exilio
forzado; exilio despojado de ese halo decimonónico de misterio y
romanticidad, que se aja y se convierte en rostro pétreo, el rostro vivo
de la globalidad desfrontada, cuya crueldad suprema es despojar de
identidad a quienes no la arrostran, caer en el vacío, vivir solos en el
mundo de la indiferencia.

III

¿A qué lectores convoca *Cartas*?, pero, también ¿quiénes
estarán esperándolas en el extremo que complementa, que termina
todo acto de escritura y la aguza con la delicadeza de un acto de
civilidad alta? ¿No será pura eufeminia de alguien que se continúa
en el recicle de las prístinas misivas a la Ufemia de aquél de allá del
otro siglo? ¿Y no será una cosa descontinuada, una anacronicidad
escribirlas, pero más todavía publicarlas en el éxtasis pleno del e-mail?
Empero, más aún, ¿qué no la virtualidad es esa condición posmoderna
de existencia consagrada, sin sangría ni vino tinto, a la chacra sitialidad
del chat, por menos chip que pretenda ser (¡que conste, las chic fueron
suplidas!), de donde quien de allí se escapa o se margina simplemente
no conoce la existencia, no está en aplacado chute con Dios?

IV

Apelar a la justa lectura de *Cartas a Crispina* es una
buena costumbre de urbanidad y civilizado contracto, sin embargo;
porque la escritura a nada más apela que a ser leída para anunciarse
enunciándonos. En este orden de ideas, no habrá de leerse entonces
la palabra terminada de Roque Hernández, sino con una navaja en
mano mucho más prestigiosa, diseccionándola. Es válido decir que a
veces el tono testimonial y autobiográfico en *Cartas* es la impronta
irresistible de la que el autor no podía prescindir, aunque sus lectores
estamos obligados a contener para bucear más hondo. Regionalidad,
inmediatez, localismo son meros pucheros mentales para quien no
quiera adentrarse en *Cartas* y colgarle sambenitos. Por lo contrario,
advertir en *Cartas* la constante invención –desde la ironización y su
inocencia perlada de sudor– de ese mundo que no es el león sino la

manada, es la oportuna edad de recibir la misiva que un día nunca terminaremos de saber quién nos la envía.

Fidel Luján
Suchilquitongo, Oax. 2002

Dedicatoria

Estos escritos están dedicados a los millones de migrantes latinoamericanos, en los Estados Unidos, que con su trabajo diario contribuyen al mejoramiento de una nación que al mismo tiempo que los desea también los aborrece.

Con cariño a mis compañeros de aventuras, los Roque Hernández. Por tanto amor, a Alice M. Wagner. Por la vida, a mis padres Crispina Hernández Vásquez y Estanislao Roque Martínez. Para Clara Ximena Roque Wagner (*mi cielo*). Linda and Sandy thanks for the love. Hi Molly. To my other brother Mark Wagner. Todos los demás que aquí no aparecen, saben de antemano que los llevo en el corazón.

Gracias especiales a Herlinda Luttig y Jesús Escalona.

Los personajes que aquí aparecen,
parecen ficticios, sin embargo existen,
son coincidencia,
son parte de nuestras vidas diarias.
Pueden ser cualquiera de nosotros.

UNA PROBADITA

A manera de introducción

Los que estamos en los Estados Unidos vivimos en una sociedad multicultural, multiracial y multilingüe. La población aumenta por miles debido a las grandes olas de inmigrantes que a diario arriban a esta parte del continente americano.

La historia de este país está basada en el fenómeno de la inmigración. Por lo tanto no se puede tener un concepto único acerca de sus habitantes. Aquí adentro hay una variedad inmensa de gentes. Aquí se han juntado todas las razas. Se habla una infinidad de idiomas. Sin embargo, el famoso *melting pot* aún no termina de mezclar a todos con todos como tanto se ha soñado en esta sociedad.

Cuando no se ha tenido la oportunidad de estar en contacto directo con este país, la imagen que se tiene acerca de él es la que los medios de comunicación nos han inculcado exitosamente.

Cuando por diferentes razones se tiene que emigrar a esta nación, se enfrenta lo que los estudiosos han llamado: *The Cultural Shock*. Los conceptos supuestamente aprendidos acerca del nuevo hábitat chocan con la realidad de cada día, cada lugar y cada situación que se vive en el país más rico del mundo.

7

Ésta no es solamente tierra de *gringos*. Sin embargo, son ellos los que aquí imponen las reglas del juego. Los grupos étnicos que aquí se encuentran son muchos y muy variados. Juntos harían una gran mayoría; sin embargo, como ocurre dentro de muchas sociedades, esta también está estratificada. Como consecuencia, hay divisiones raciales, fragmentación dentro de cada uno de los grupos étnicos y esto coadyuva a la desintegración de fuerzas que en su momento controlarían esta sociedad. Cada grupo étnico trabaja para sí mismo o, en ocasiones, cada individuo dentro de cada uno de estos grupos busca solamente su propia superación.

Se desconoce casi todo acerca de los Estados Unidos cuando se llega por primera vez. Cada individuo trae una imagen distinta de este país. Todo dependerá de lo que se ha escuchado y de qué fuente se ha obtenido la información para formarse un criterio.

Aquí no solamente hay rubias despampanantes que se enloquecen por los latinos. No todos los californianos son güeros bronceados con cuerpos musculosos o pasados de peso. Aquí no todos los mexicanos son pandilleros, cholos, flojos, desmadrosos, trabajadores ni mujeriegos.

No todos los negros son buenos bailadores, deportistas, alcohólicos, desempleados o criminales. No todas las mujeres mexicanas tienen muchos hijos convirtiéndose en una carga para el gobierno. No todas las mujeres negras son prostitutas. Ni todos los indígenas son alcohólicos, con el pelo largo y vagos. No todos los asiáticos son callados, dedicados a estudiar, pasivos, ni expertos en artes marciales. Aquí los criminales blancos son los que reciben menos publicidad y son los que dan más miedo.

Aquí, como en cualquier otra sociedad, hay de todo. Sin embargo, en muchas ocasiones se ha creado una imagen equivocada acerca de los individuos que forman la sociedad norteamericana. Se ha dado por crear estereotipos. Esta situación ha ocasionado la fragmentación de los grupos llamados minoritarios y en consecuencia no han podido alcanzar una adecuada representación dentro de este país. Cada grupo racial quiere ser mejor que el otro. No quieren que se les confunda y marcan sus delineamientos. Estas fronteras que ellos interponen pueden ser de carácter cultural, idiomático, intelectual y en algunos casos territorial.

A pesar de que en números los llamados grupos minoritarios forman una extensa mayoría, éstos aún no tienen una representación digna dentro del sistema de gobierno. Los estratos dentro de esta nación varían de acuerdo a la situación económica, raza, y el nivel intelectual de cada uno de los individuos. ¿En donde hemos visto eso antes? *Hay México de mis amores, discúlpame que no te extrañe tanto.* Si las gentes de color son discriminadas, es obvio que en muchas ocasiones pierden motivación para educarse y así poder competir, y romper el techo de cristal impuesto sobre ellos por una minoría en su mayoría de raza blanca. La historia se sigue repitiendo en donde quiera que se esté.

La realidad en este país es muy distinta a lo que nos imaginamos antes de emigrar a él. La historia de los Estados Unidos está cimentado en las grandes olas de inmigrantes que han venido a este país en busca de oportunidades. La riqueza de la que se goza aquí, ha sido alcanzada gracias a la orgía de sangre, destrucción, explotación y discriminación que desde hace siglos se siguen cometiendo en esta nación, que a diario promueve la democracia alrededor del mundo. Qué ironía. En California, uno de los estados más grandes, más ricos, más liberales y con más oportunidades de desarrollo intelectual y económico, se siguen practicando vejaciones en contra de las gentes de color. El caso de los inmigrantes latinoamericanos es especial. Los políticos han creado proposiciones para silenciarlos. Les quieren negar acceso a la educación, a los servicios médicos y quieren que renuncien a su idioma. ¿Acaso tendrán miedo? Los latinos que viven en los Estados Unidos tienen una arma muy peligrosa, con la cual no cuentan los anglos: la explosión demográfica, dijo el escritor colombiano Gabriel García Márquez en una entrevista. Tiene mucha razón, para el año dos mil cinco, los latinos serán la mayoría aquí en California. Hay que esperar a que los políticos inventen algo para detener el fervor latino-americano.

Remontándonos en la historia, nos damos cuenta que la parte de América del norte, también ha sido invadida por la ambición de los hombres blancos, como el resto de la otra América. La devastación de las grandes civilizaciones existentes incluso antes de la llegada de los europeos ha estado dando paso una modernización, que hasta nuestros días todavía no alcanza para todos. Echémosle un repaso a la historia para darnos cuenta que los indígenas americanos fueron casi borrados del mapa. La historia que se enseña en las escuelas y las películas nos han hecho creer que los indígenas de estas tierras eran salvajes, asesinos y que les gustaba quitarle las cabelleras a los indefensos blancos. Qué absurdo. Hay muchas cosas que los libros no dicen, y es que por cada cabellera de indígena que un blanco conseguía, había un pago. Porque un indio bueno, era un indio muerto. En el presente, hay que darse una vueltesita por las reservaciones indígenas, metidas en las partes más áridas de este país, y así entender lo que aquí se practica todavía. ¿Será racismo? Y ¿qué tal los millones de Africanos traídos como esclavos? La liberación de estos individuos todavía no alcanza su completa plenitud. Todavía se les sigue tratando cual si fueran ajenos a estas tierras. Sin embargo, este es uno de los grupos minoritarios que más batalla le está dando a los hombres blancos en el poder. Los chicanos se inspiraron en los negros para hacer su movimiento de los años sesenta (léase, siglo pasado). Siguieron los indios americanos con el *American Indian Movement*. Sin embargo, gracias a las infiltraciones de parte del gobierno, estos grupos fueron desmembrados. Muchos de los líderes se encuentran en cárceles y otros fueron *accidentalmente* borrados de este mundo. A algunos de los principales cabezas, se les han puesto *cuatros* para deshacerse de ellos. Léase el caso del periodista negro, Mumia Abul Jamal, sentenciado a muerte en una cárcel de Pennsylvania. Esta persona está acusada de haber matado a un policía blanco. Él lo niega. Pide un juicio justo, ya que hubo irregularidades al momento de juzgarlo y sentenciarlo. Leonard Peletier es un indígena acusado de haber asesinado a dos agentes del FBI, está preso de por vida. Hay pruebas de que el crimen fue cometido por otra u otras personas; a pesar de esto, no se ha conseguido hacer una revisión detallada del caso. Leonard Peletier posiblemente muera de viejo en una celda de los Estados Unidos. Quién dijo que no hay prisioneros políticos en el país más democrático del mundo. Esto es solamente una pequeña probadita de los Estados Unidos de Norteamérica. A pesar de tal infortunio, a esta tierra siguen llegando gentes de todo el mundo. A muchos no les importa la política, ni la historia del país, ni los problemas sociales. Lo que buscan es una mejor forma de vida para los suyos y ellos mismos. Dólares. *In god we trust,* dice el lema impreso en el dinero de este país. No hay que confiar ni en dios, solamente en el color y el valor de cada uno de esos billetes. No hay que olvidar que muchos de los que aquí llegan han enfrentado cosas peores en sus países de origen.

Es por eso que al caminar por las calles de las ciudades de este país nos topamos con ese maravilloso tapiz multicolor que cubre estas a tierras. Nuestros oídos escuchan diferentes idiomas. Nuestro olfato disfruta los diferentes aromas saliendo de los variados restaurantes.

Nuestros paladares tienen la oportunidades de saborear, desde una hamburguesa mal hecha, un burrito mexicano, una popusa salvadoreña, un caldo chino que lo pone a uno en la meritita entrada del paraíso, un platillo etíope, un bistec de vaca artificialmente engordada en algún rancho de los Estados Unidos, un vino californiano, una cerveza alemana o guatemalteca, una negra Modelo, una Samuel Adams, un mezcal oaxaqueño, una cena vietnamés o hindú y hasta las delicias del sushi japonés. Aquí se han juntado todos a la hora de la comida.

La mayoría viene a esta parte del mundo con una meta común. El triunfo. Hay que superarse a como dé lugar. Los inmigrantes, no importa de donde vengan, son los que le dan color y sabor a esta "cultura" que todavía no termina de cocinarse. Ellos traen sus costumbres, su dolor, sus alegrías, sus hijos y su energía. Las maletas de los inmigrantes no solamente vienen llenas de esperanzas. Traen consigo su música, su poesía. Traen sus modismos. Sus conocimientos. Su ignorancia. Su religión.

Es incansable recalcar que esta nación es rica gracias a lo que *nosotros* aportamos. Estados Unidos no solamente es rico en dinero. Para los emigrantes, este país es rico en oportunidades y por las variantes que presenta en cada uno de su, llamémosle, campos de acción. Es rico gracias a toda la gente que aquí llega. Los que no tienen la oportunidad de viajar a otras partes del mundo, pero que por alguna razón se encuentran aquí, tienen la oportunidad (si quieren) de conocer un poquitito de otra culturas. Esa riqueza es la que da la sensación de no estar solo dentro de este enorme monstruo.

II

Y ahora en plural.

Cuando escuchamos otros idiomas, comprendemos que nuestro Español no es el único idioma entrometido en este país. Cuando vemos luces de neón anunciando un restaurante afgano, nos damos cuenta que nuestros tacos y nuestra salsas tienen adversarios. La música caribeña nos deleita y nos hace sacudir nuestros adoloridos cuerpos. Los mariachis nos traen nostalgia, nos echamos unos tragos, gritamos como los meros machos, le mentamos la madre a la vida y, pues seguimos adelante. La relajante música en un restaurante chino nos hace recapacitar y darnos cuenta de que esas gentes tan trabajadoras han venido desde Asia en busca de las mismas oportunidades que nosotros. El jazz de los negros nos deleita y limpia nuestros oídos.

Lila Down desde la meritita Mixteca oaxaqueña nos recuerda quiénes somos, y nos llena de nostalgia con *qué lejos estoy del suelo donde he nacido....* El *heavy metal* gringo nos turba, y pues mejor le cambiamos de estación. El *rap* nos contagia con su ritmo y nos estremece al escuchar la verdad acerca de los jóvenes y no jóvenes negros que viven en los vecindarios pobres de los Estados Unidos.

Para los que aquí estamos y para los que arduamente hemos luchado para sobrepasar la barrera del idioma, está bien tener acento al hablar en inglés, eso es lo que nos hace diferente a los demás. Somos únicos. Los que son bilingües ven la vida desde dos puntos de vista. Tienen dos vidas. Traducen lo que quieren y lo que más les conviene, pero nunca sus verdaderos sentimientos, pues éstos solamente hablan y entienden una lengua. Los demás podrán traducir nuestras palabras pero no los verdaderos sentires. Los que han roto la barrera del idioma dominante, juegan con sus habilidades. Piensan doble.

En esta nación hay que acostumbrarse a las contradicciones que ensombrecen a su sociedad. Las ironías están a la orden del día. En la universidades mi profesor de ciencias políticas era iraní. Mi profesor de historia de los Estados Unidos era griego. Mi profesora de antropología era una mujer blanca que en una de las sesiones nos enseñó a agarrar un palo para ir de cacería en algún país africano. Mi compañero de Etiopía que estaba al lado, me susurro al oído: *Siento como si me estuvieran estudiando a mi y a mi familia.* Le contesté: *¿Para qué ir hasta África, si aquí detrás del patio todavía se practica lo mismo?* Hay dos formas de ver la vida: la de los teóricos y la de los inmigrantes, los que no hemos necesitado mucha teoría para poner en practica los oficios de la vida.

Pues así es como vivimos aquí de este lado. Aquí se encuentra de todo. Cada situación está relacionada a las características de la persona que la esté viviendo. Cada una de las experiencias se darán con respecto a la capacidad de asimilación y de aprendizaje de cada individuo. Es imposible generalizar. Además, es importante mencionar que los Estados Unidos es tan inmenso que cada uno de los estados tiene sus propias características geográfica, social y económica. Y, por lo tanto, es importante mencionar que cada individuo representa una fase desigual a la de los demás. Siguen, pues, existiendo los estratos dentro de las sociedades en donde quiera que vayamos.

Good luck in the United States Of America.

HÉROES NACIONALES

Es el primer día de clases para Benigna. Está nerviosa. Los compañeros le preguntan si es nueva, recién llegada.

-¿De dónde eres?

-¿Cuándo llegaste?

-¿Hablas inglés?

-¿Con quién vives?

-¿Tienes papeles?

Ella no sabe qué pregunta tiene que contestar primero.

Benigna observa con curiosidad su entorno. Ve los mapas en las paredes. Las fotografías de los héroes norteamericanos. *No room for racism,* dice un póster de color rosa chillante empotrado en una de las paredes. La cara vieja y en blanco y negro de Chief Joseph la observa con tristeza. Malcolm X con su cara levantada como un mástil que con la mirada retadora la impresiona.

Benigna observa con detenimiento cada uno de los carteles pegados en las pálidas paredes del salón de clases. Está en otro país. Es otra aula. Se siente inmensamente sola.

The dream Of Martin Luther King o parte de su sueño se alcanza a leer desde donde ella está sentada. Benigna ignora qué parte de ese sueño aún lo sigue siendo y qué parte de éste se ha estado desvaneciendo con el paso del tiempo. César Chávez está presente; se ve triste, se ve como si estuviera enfermo. George Washington y Lincoln, desde una esquina del aula, tímidamente se asoman y dan también la bienvenida. Benigna busca la cara de una mujer héroe y no la encuentra. ¿Será que apenas se están formando?, ¿O será que al igual que en su patria los hombres no dan espacio para la competencia? Las barras y las estrellas remplazan al nopal, al águila y a la serpiente. Ya no hay que cantar el himno nacional mexicano cada lunes por la mañana. Benigna está en alguna escuela de California, en los Estados Unidos.

La mirada de Benigna se detiene al toparse con un mapa del país en el cual ahora se encuentra. El mapa abarca algunas islas del Caribe, pero no Cuba. Las islas de Hawai en el Pacífico, Alaska más al norte. La niña recorre con sus oscuros ojos lo ancho y lo largo de esa nación representada en papel. Se va hacia el Este, en donde fueron establecidas las primeras trece colonias. Llega al sur: Texas, Alabama, Mississipi. ¡El Golfo de México! Suspira. Sus ojos se engrandecen, brillan de contentos.

Con los ojos dilatados por la emoción, Benigna sigue recorriendo los demás estados del sur de los Estados Unidos. De pronto decide brincarse la frontera, solamente que esta vez hacia México. Vuela. Ignora el escándalo de los demás estudiantes a su alrededor. Cierra los ojos. Su cuerpo queda estático, mientras su mente viaja con la velocidad que sólo la imaginación puede dar.

De repente se encuentra en su pueblo querido, en alguna parte del sur de México. Camina por las polvorientas calles. Saluda a la gente. De paso le echa un vistazo a su escuela primaria. Se mete a su viejo salón de clases. La maestra está pasando lista.

-Benigna Martínez.

-¡No vino!, gritan los otros estudiantes.

-Se fue pa'l norte. Agrega alguien desde un rincón del salón.

Desde una de las descarapeladas paredes del salón, el Indio, orgullo de no todos los mexicanos, Benito Juárez, le sonríe. Miguel Hidalgo le muestra orgulloso las cadenas que rompió para darnos la independencia. Emiliano Zapata con su rifle en la mano, *para lo que se ofrezca*, ni siquiera le da un gesto de bienvenida.

Un revolucionario o revolucionaria debe de tener cara de pocos amigos, piensa Benigna. La niña busca dentro de su imaginación fotografías de héroes nacionales mujeres. No hay. *¿Dónde están las fotos de las mujeres que pelearon durante la revolución?,* se pregunta. *¿Qué hay de todas las mujeres que cotidianamente se convierten en héroes al velar por sus hombres y sus hijos? ¿Dónde están las que a diario pelean con la pobreza? ¿Y las que cargan hijos en el vientre y costales en la cabeza? ¿Acaso no son héroes las que paren a los grandes hijos de la patria?* Benigna aún no puede encontrar respuesta a sus preguntas.

En su recorrer por el pueblo, Benigna pasa frente a la iglesia; se persigna. Las puertas están cerradas. Es lunes por la mañana y los santos y las vírgenes están en reposo. La misa del domingo estuvo pesada. Hubo confirmaciones, bautizos y primeras comuniones. Dios y sus discípulos no atienden los lunes.

Benigna se asoma por una de las rendijas de la desgastada puerta de la iglesia. En el interior una veladora arde lentamente. Su pálida luz ilumina la cara de un Cristo atormentado y ensangrentado. *Es la veladora que le traje al santo antes de irme pa'l norte para que alumbrara mi camino,* se comenta ella misma. Se despega de la puerta y se aleja por las calles del pueblo. Se da cuenta que puede ir a donde ella quiera pues viaja con la velocidad de la imaginación. Se va a los campos. Ve las milpas. Es tiempo de elotes. Las matas de frijol están listas para ser arrancadas. Ve a los viejos cuidando sus chivos. Ve a las mujeres embarazadas yendo a dejar la comida a sus hombres que se encuentran trabajando en las milpas. Siente pena por ellas. Siente pena al ver a los perros que merodean por los campos, son tan flacos que en vez de dar miedo dan lástima, pero son también muy fieles. Escucha el cantar de los pájaros. Siente el viento fresco acariciándole la cara. Su pelo se alborota.

Se siente libre. Va al arroyo y bebe el agua cristalina que baja de las colinas. Se recuesta en el pasto. Huele las flores. Está cansada. Se queda dormida.

- Good Morning! Dice una voz entre sus sueños.

- How are you today?

17

- We have a new student, repite esta misma voz.

-What is your name?

-Where are you from?

-She does not speak english, dice alguien por ahí.

Benigna despierta espantada. Se levanta. Su imaginación agitada tiene que regresar a donde está su cuerpo. Ve a su alrededor y se da cuenta que todos los estudiantes la miran.

-*¡Te habla la mis!,* le susurra el compañero de al lado.

-*Ya le dije que no hablas inglés. Por eso no te preocupes, nosotros te vamos a ayudar,* agrega otra estudiante.

Este es el primer día de clases. Es otro mundo. Otros libros. Otros héroes nacionales. Otra bandera. Otra escuela. Otro país. Otro idioma.

-From now on, and according to the new law, we are going to talk only in english, dijo la miss.

El salón de clases enmudeció.

Benigna había enmudecido minutos antes que todos los demás.

_____ Y... NO REGRESASTE

Cuando nos despedimos, quise gritar de dolor. Llorar no era suficiente. Jamás regresarías. Partiste. Tu silueta desapareció lentamente de mis pupilas. Fue la última vez en que juntos vimos todo lo que a nuestro alrededor estaba. Todo eso se quedó. Tú no. Otros ojos serían más tarde mudos testigos de lo que ahí existía. Con mi llanto ahogué mis penas. Mis lágrimas fluyeron hacia adentro.

Me refugié en lo más profundo de mis entrañas. No tuve fuerzas ni valor para alcanzarte e implorarte que conmigo te quedaras. Me entumecí, quedé estático y no pude humillarme. En ese instante murió casi todo de mí. El amor que por ti sentía se partió en... no sé cuántos pedazos. Con el paso del tiempo esas piezas las repartí por todas partes, sin poder en ningún momento entregarlo completamente todo.

Antes de marcharte, me dejaste tu esencia. Grabé en mi memoria hasta las comisuras de tus labios. Las curvas de tu cuerpo marcaron tu recuerdo para siempre en mi memoria. Antes de irte, me abrazaste. Escuché el palpitar de tu corazón. Tus temblorosas manos me transmitían la energía generada por el galopar de tu hirviente sangre. Probé por última vez la miel de tu boca. Cerré mis ojos para mirarme por dentro. Quería estar seguro de que algo de ti se quedaba conmigo.

Desapareciste. Morí. En mi lecho de muerte te vi. Reconocí tus labios. Te toqué. Olí tu aroma. Adiviné el color de tu piel. Quise probar una vez más la savia de tu boca. Abrí mis ojos, pues quería estar seguro que algo de ti estaba en esos momentos conmigo. Sin embargo, desapareciste.

Muchas lunas después mi cuerpo se alzó de entre un millar de escombros. Resucité, pero no al tercer día. Me fortalecí. Sin corazón. Sin olfato. Sin motivación. Sin amor. Sin ti y sin mí.

Regué por todas partes mis partes. Los pedazos de amor los subasté. Mis besos, mis versos, mi alma, mi cuerpo y mis pensamientos estuvieron dispersos. Era ya tarde y mis lágrimas jamás lavarían tus recuerdos. Soporté los inviernos tristes, las primaveras coloridas, los húmedos veranos, los otoños nostálgicos y, una y otra vez, los inviernos grises.

Te esperé. Mantuve la esperanza de tu regreso. Volví al mismo lugar en el cual nos despedimos. Traté de recobrar las imágenes de nuestros últimos instantes juntos. Sin embargo, todo era diferente. Ahí estaban otras gentes. Habían crecido otros árboles. Habían instalado otras luces. Otros anuncios de neón daban vida a la noche. Otros corazones estaban garabateados en aquellas pálidas y viejas paredes. Vi amaneceres. Me calcinó el medio día y los anocheceres ocultaron mi desesperación. Esperé. Me empapó la lluvia. El viento del otoño me enjuagó y me dejó esperando al frío enero. Mis ojos te buscaron en el florecer de la primavera y jamás apareciste. Decidí marcharme. Recorrí el mundo. No quise echar raíces en ese suelo que hollamos.

Me fui. Me resigné. Empecé a vivir. Renací, como renacen los pastos después de un devastador incendio. Me nutrí con los amores que a mi paso encontré. Me hice fuerte.

Reverdecí. Y, como a los árboles viejos recién podados, me salieron nuevas ramas. Vinieron a mí las aves. Anidaron. Llovió. Y, en una de las más hermosas tardes, apareció un arco iris. Lo seguí. Al final de éste encontré, no el oro, el amor. Acompañé a la brisa. Mi llanto se confundió y se fundió con la luz que brotaba de unos hermosos ojos. Me di cuenta que ese llanto era de amor. Me enamoré. Llovió y llovió y murió lo muerto y revivió lo que aún estaba vivo y parió al deseo, al verdadero amor. El que nunca se irá. El que me cobijará y abrazará por siempre mi cuerpo.

Tú, que te fuiste hace ya muchas lunas, solamente eres una pálida silueta que cada día se desvanece con el morir de cada día.

NOTORIAS
NOTAS NOSTÁLGICAS

Escribo en tu honor. Para ti que te quedaste. Tú, que eres mi inspiración. Para ti que eres mi guía espiritual. Para ti pongo en papel todas estas letras. Para que me recuerdes. Para que te des cuenta que aún sigues conmigo. Quiero que sepas que jamás te olvidaré. Tú, tan cálida. Tan bella. Tan ruda y tan escabrosa. A ti te brindo este tributo. A ti te ruego que no seas orgullosa y que no me olvides. No soy más que los que contigo se quedaron.

No soy un traidor por haberte dejado. No soy más que otra alma desdichada que ha sido obligada a alejarse de tus campos. De tus costumbres. De tus cantos. De tus sabores. De tus días calurosos. De tus olores. De tus días de fiesta.

Escribo en tu nombre. Sé que estarás orgullosa de mí al saber que trato de representarte. Sé que suspirarás hondo y en tus entrañas, tu corazón de madre tierra se pondrá contento. Te rindo a ti mis pesares. Mis alegrías. Mi risa. Mi llanto. Mi nostalgia. Mis pensamientos. Mis letras. Tú, que eres la que acoges bajo tu seno a mis padres. A mis abuelos. A mis amigos. A mis amores perdidos. A mis fracasos. A mis triunfos. A mis muertos. A mi ombligo. Al ombligo de mi hija. Al agua que día con día reconforta a los que están contigo. Al aire que respiramos.

23

A los buenos y a los malos sin hacer distinción. Tú eres mi musa.

Desde donde estoy te imagino. Hay veces que siento morirme por estar contigo. No puedo ni morirme porque aún no es tiempo y ni estar contigo por tanta distancia.

Tú eres brava como las corrientes de tus ríos. Eres terca como los hijos que pares y alimentas con tus frutos. Estás lastimada. Y luchas. Te defiendes. Amas y odias. No solamente amas. Yo sé que tú no me imploras a que me quede o a que regrese. El día en que nos despedimos, tú y yo sabíamos lo que nos esperaba. Yo sabía y tú también que por muy lejos que me fuera, los dos nos recordaríamos por siempre. Sabíamos que guardaríamos en el interior de nosotros todos los recuerdos bonitos. Las caricias que a mis pies descalzos diste, jamás serán borradas por las caricias de los pavimentos.

Si me voy de ti o me quedo contigo, tú eres la misma. Esperas. Sabes que regresaré porque aquí está enterrado mi ombligo. Tienes un pedazo de mí en ti y uno tuyo para mí. Estaré algún día cerca a tu corazón. En tus adentros me arrullarán tus latidos. Formaré parte de tu seno en mi eterno sueño. Juntos alimentaremos a los que detrás de nosotros vienen. Tú seguirás siendo tú y yo nada con el paso de los tiempos. Pero mientras regreso no me saques de ti.

En esta ocasión para ti escribo. No con las palabras complicadas y sacadas de las voluminosas enciclopedias. No trato de igualar a tus poetas, ni a tus grandes novelistas. Te escribo desde lo más profundo de mi corazón. Hoy quiero hacerte saber de mis penas. De mis noches de insomnio. De mis días de ardua labor. De mis aventuras. De mis amores. De mis desgracias al estar en esta tierra ajena. De mis sueños. De mis compañeros que ni aquí ni allá son escuchados. Te escribo con el deseo de que percibas mi existencia. También que mi voz sea la portadora del mensaje de los que aquí nos encontramos.

Quiero ser parte de las plegarias de los que en su momento también te dejaron. Los que por ser pobres se marcharon. Los que se juegan la vida en la línea divisoria. Los oaxaqueños. Los que nunca se cansan de luchar para ser mejores. Déjame decirte que hay una gran diferencia entre ser mexicano y ser oaxaqueño. ¿Te había dicho antes que también por acá nos discriminan por ser mexicano y también por ser de Oaxaca? Por todo eso ha nacido la necesidad de escribir. No para inmortalizarme. Simplemente para que sepas que estamos bien y partiéndonos la madre todos los días. Al igual que tus otros hijos. Los campesinos. Como tus obreros. Como los que trabajan y viven de los basureros. Como tus mujeres que se desgastan todos los días pariendo y moliendo, llorando y sufriendo por sus hijos ausentes. Como los niños que diariamente luchan con el hambre de sus barrigas y con el hambre de aprender. Así estamos todos por acá. Enmudeciendo a veces por no hablar el idioma oficial. Así como nuestros antepasados enmudecieron hace más de quinientos años al llegar los europeos. Así estamos ahora. Sin embargo, déjame darte un ejemplo de los que no nos entienden, pero que incluso se pelean por escuchar nuestras voces: las compañías de teléfonos... compiten entre ellas para hacernos hablar, aunque no nos comprenden, conocen nuestro dinero. Saben que estamos enfermos de nostalgia y queremos llamar a nuestros seres queridos.

Aquí todos nos usan y nos desusan. Nos cierran las puertas de la entrada principal. Sin embargo, nos brincamos por la barda de atrás. Todos nos quieren chingar. Sin embargo tú nos has hecho más tercos y más chingones.

En tu honor escribo. Tu nombre está presente conmigo y con todos los que algún día regresaremos. ¡Ah, el anhelado regreso!, esa es la meta. Ese día mis pies sentirán otra vez esa calidez tuya. Me calentarás el alma. Me estremeceré. Volveremos a ser amantes. Amigos. Enemigos o simplemente dos viejos conocidos. Cuando ese día llegue tal vez será Navidad. Año nuevo. La fiesta de uno de tus tantos santos, vírgenes o pueblos.

Regresaremos triunfadores. Lloraremos. Bailaremos. Habrá celebración. Nos emborracharemos. Y ya mezcaleados se nos irá la lengua y contaremos fantasías. Nos envidiarán. Tendremos dinero. Un carro. Grandes casas. Ropas relucientes. Hablaremos chistoso. Al día siguiente: despertaremos con el alma cruda y con la satisfacción de habernos desahogado. Porque allí sí nos escuchan. Nos aprecian. Allí somos lo que realmente fuimos, somos y seremos.

A ti tierra querida brindo estas palabras. Desde donde hoy me encuentro. En el país de los millones de luces. El país guardián del mundo. El centro de la desinformación. El hoyo de los imperialistas. Desde donde también la democracia es limitada. Desde este lugar del mundo donde, aunque no me lo creas, también hay presos políticos, pobres, esclavos, hambrientos, racismo, discriminación, explotación, tantos tontos y muchos oaxaqueños. Desde donde cada uno vale para sí mismo y cada uno tiene un precio de acuerdo a lo que produce, te mando un saludo. Desde donde las lenguas que se hablan son todas diferentes pero domina una, te venero. Te escribo desde el estómago de ese monstruo que cada día nos invade con su pinche cultura de plástico.

Desde aquí te mando mis memorias. Viva el país de las oportunidades y las controversias. El país más consumidor del mundo. Desde donde nos estamos acabando los recursos naturales del mundo te veo, también, cada día más invadida. ¡Viva la Texaco, La Shell, la Chevron y todas las compañías que se están chupando los recursos naturales del mundo! ¡Vivan los carros deportivos! Las películas chafas. Vivan las hamburguesas que hasta ti han llegado queriendo competir con tus tlayudas. Pobre de ti que estás rodeada de tanta enajenación. Estás a punto de perder tu identidad.

Vivan pues todos los hombres mujeres y niños que desde aquí te extrañan y que hacen de este país un país del primer mundo y de ti un estandarte de lucha.

Desde aquí, VIVA OAXACA.

California, principios del 99

EL CAMINO

Estaba de la fregada, todos los días tenía que hacer lo mismo. Ya me estaba aburriendo. Desde que me levantaba hasta el anochecer era de estar en pura friega. En las mañanas, el frío sí que calaba hasta lo más profundo del alma. Aparte de eso, la comida era escasa. En aquellos tiempos, la situación era como para ponerse a llorar. Se me enfriaba el cuerpo nada más de imaginar que no había futuro. Y es que el tiempo no iba a pasar para ponerse en otra época, es que no se vislumbraba un cambio. Estaba cabrón.

La ilusión entonces era la de crecer sano, fuerte y con suficientes ganas para asistir a la escuela primaria. Según los adultos, era muy importante aprender lo que solamente los maestros sabían.

Los frijoles, los chiles, las semillas de calabaza, el café y el atole ya me tenían hasta la coronilla. En la escuela los maestros predicaban que la carne, la leche, los huevos y las verduras eran los alimentos básicos para sobrevivir. ¿Y de donde cabrón sacábamos en el pueblo todo eso? La dieta perfecta, según los libros, no estaba al alcance de todos y menos en un lugar tan rural como San Martín Tilcajete. Pero pues ni modos, qué se le puede hacer cuando no se puede tener más que lo necesario para llenar el estómago. Qué difícil era aprender cuando se tenía que pelear con el hambre del estómago y el de la superación.

Como muchos de los niños del pueblo, por las mañanas tenía que ir al campo. Después de ir a trabajar en los surcos, cuidar los animales o ir por un poco de leña, también debía ir a la escuela. ¿Pero qué aprendía en la escuela? Hoy no me acuerdo de muchas cosas. En aquellos tiempos estaba chico y era muy complicado entender por qué los maestros y maestras se empeñaban en enseñarnos cosas que a la edad de cuando se está en la primaria, qué carajos importan. Los maestros y maestras eran muy buenos y buenas, yo creo; y si no lo eran, pues no lo podía distinguir. Además ellos solamente sabían lo que nos decían. Sabían cosas que las gentes viejas del pueblo ignoraban. Sin embargo, para mí todos los maestros y maestras eran iguales. Todos hablaban, vestían, comían y olían diferente a las personas con las que yo había crecido. Ellos y ellas eran gentes extrañas, de ciudad, civilizadas; eran gentes de razón. Algunos decían que los de la ciudad eran *catrines*. Por eso, cuando comparaba al Catrín y a la Dama dibujados en las tablas de la lotería que jugábamos en la semana del día de los muertos, sí que encontraba similitud entre algún maestro y alguna maestra y esos bonitos y coloridos dibujos de impecables personas. Sin embargo, los maestros y las maestras sabían cosas distintas, y por eso la gente del pueblo los trataba de manera muy respetuosa. Todos venían de fuera, nadie de ellos era oriundo de mi población.

Mis compañeros de escuela y yo éramos gentes del campo. Éramos hijos de madres que *solamente* se dedicaban al hogar y de papás que eran peones, labradores o maestros albañiles. Éramos gente de la llamada más humilde. Pero, ¿para qué íbamos a la escuela? Tal vez hubiera sido mejor quedarnos en la casa. Tal vez hubiera sido mejor irnos al campo a cuidar nuestros animales todo el día o a la ciudad de Oaxaca a trabajar como *chalán*. ¿Para qué me servía aprender en ese entonces? ¿A mí qué me importaba saber quién había descubierto América? ¿De que me servía aprender acerca de Hernán Cortés y sus soldados? Si los danzantes de la pluma que bailaban cada once de noviembre en el atrio de la iglesia para conmemorar al santo Patrón nos daban una representación de la conquista de nuestras tierras. Los jóvenes del pueblo representaban a los Aztecas de un lado y a los Españoles del otro. Bailaban y recitaban durante casi todo un día. Simulaban peleas. Al final los soldados españoles rendían a Moctezuma y daban ganas de llorar al ver los semblantes apesadumbrados de los coloridos danzantes derrotados.

Pues los maestros también tenían su versión según los libros. Me decían que mis antepasados habían sido grandes individuos y que fueron masacrados por los españoles. Hablaban de enfermedades contagiosas que los españoles habían traído. Decían que eso había sido la mayor causa por la cual nuestros antepasados perdieron la guerra. Hablaban también de otras culturas. Mi maestro de quinto año no se cansaba de hablar de los Mayas. Y de que me beneficiaba saber que los Mayas habían inventado el cero, si casi nada, que es lo más cercano a ese numero redondo, es lo que mis paisanos, mi familia y yo poseíamos.

¿Quiénes habían sido mis antepasados? ¿Los Zapotecas? ¿Los Aztecas? ¿Los Triques? ¿Los Mixes o los Mixtecos? ¿Sería acaso descendiente de aquellos seres que emigraron de Asia hacia América según la historia de los maestros? ¿O sería producto del pecado de nuestros primeros padres, como lo decían las catequistas de la iglesia del pueblo? En aquel entonces y hasta hoy día solamente he conocido a mis abuelos maternos y a mi abuela por el lado de mi padre. Y, aún no he escuchado que ellos estén orgullosos de alguna descendencia en particular.

Y ¿dónde era la tierra de los mentados españoles? ¿Por qué esas gentes bárbaras, barbadas y de piel amarillenta que habían venido por el mar y que se pensaban superiores porque montaban caballos y conocían el acero cortante, la cruz y un dios que en nada se parecía a ellos habían devastado la grandeza de los que, según los maestros, fueron mis orgullosos ancestros? Pues posiblemente sólo los maestros y las maestras tenían respuestas a tan largas y tediosas preguntas.

De lo que aprendía cada día en la escuela, dependería la formación de mi personalidad. El futuro, nos decían, -hoy el presente, será mejor si te preparas, si estudias. Sin embargo, el ir al campo a cuidar los animales obstruía ese largo proceso y me daba también la oportunidad de aclarar mis pensamientos. Desde lo más alto de las montañas que forman el escabroso terreno tilcajeteno, exploraba la ilusoria distancia. Al ver los caminos que desaparecían en la inmensidad de mi pequeño mundo, imaginaba los pueblos que más allá del horizonte había. Sabía que existían porque los había visto en los libros y porque de alguno de ellos habían venido los maestros y también de otro o del mismo habían llegado los españoles hace cientos de años.

La única carretera que se divisaba desde las colinas aledañas al pueblo, conducía hacia la metrópolis de los maestros. Tal vez más allá. Según los mapas que traían los maestros y maestras a la escuela del pueblo, el mundo era una bola muy grande. Y hacia alguna parte de esa esfera se dirigía aquél camino que en incontables ocasiones divisaba desde mi asiento favorito, una piedra que tiene la forma de un caballo enterrado con las nalgas salidas. Quizás ese camino daba vuelta de regreso. Posiblemente en algún punto se cruzaba con otros senderos y formaban una especie de venas por las cuales en lugar de correr sangre, corrían gentes, carros, animales e invisiblemente, sueños de seres que anhelaban irse en busca del fin de cada uno de sus respectivos caminos.

Me acuerdo un poco de la estancia en la primaria. No fue tan difícil como parecía al principio. El interés empezó a despertar cuando en el quinto grado nos empezaron a decir que descendíamos directamente de los monos. ¿Cómo creer eso? Si los únicos changos que conocíamos eran los que unos cirqueros habían traído al pueblo cuando cursaba el primer grado de primaria. Realmente, no encontraba ningún parecido entre esos seres peludos y mis papás, mis hermanos o mis compañeros de la escuela. Tal vez era una mentira. Tal vez los maestros no sabían demasiado.

En los domingos de doctrina, las catequistas de la iglesia católica me habían contado una versión diferente. Me dijeron que mis primeros padres habían sido Adán y Eva. El catecismo decía que en esos tiempos, Adán y Eva eran tan puros de cuerpo y alma, que ni ropas necesitaban para esconder las partes de su cuerpo que hoy nosotros tan celosamente ocultamos aún de nuestras propias miradas. Las catequistas me enseñaron de la tentación en la que Eva había hecho caer a su pareja. En esa historia, una serpiente toma parte de la perdición de Adán. Una manzana es comida y de ahí todo se vuelve confuso. Por comerse una manzana, la pareja fue expulsada del lugar en el cual vivían y condenados por sus actos. Toda una maraña de suposiciones que me turbaban. Si las catequistas hubieran adivinado mis pensamientos en esos tiempos me hubieran expulsado de la iglesia, ya que en lo único que pensaba era en cómo se vería Eva desnuda.

En los días de doctrina entendí que nuestros primeros padres habían pecado, y por eso yo tenía que ir a la doctrina todos los domingos en las tardes, hasta estar en edad de hacer mi primera comunión y de esta forma seguir "limpiándome" un poco del pecado original: el placer del sexo, lo que generó la multiplicación de la raza maravillosa que somos. El pecado de amarse, según los ocultismos religiosos. En los años de infancia, en los domingos de doctrina, por mandato divino, las catequistas quisieron simplemente iniciar el largo y tedioso proceso de salvar mi alma. Con el paso de los años, y en plena adolescencia aprendí a hacer lo mismo que la pareja desnuda había hecho, también me di cuenta que en nada se parecía al pecado.

En la escuela primaria, los maestros tenían otra idea. Ellos hablaban de la teoría del Big Bang, de la evolución de las especies y de un tal Darwin. Este señor había dejado por escrito que todos los seres humanos, hombres y mujeres, viejos y jóvenes, descendían de ciertos animales. Decían que la vida se originó en el agua. Por lo menos, lo que hasta entonces había visto, era que los tembolocates en los charcos de agua crecían hasta volverse ranas. Sin embargo, por más que me esforzaba no podía imaginar a un hombre o mujer surgiendo de esos lodazales y charcos que se forman en los meses de lluvia. Los maestros también hablaban de la mezcla de los elementos flotantes en el espacio y cosas así. La teoría de la evolución de las especies. Afortunadamente, todo eso me parecía fascinante. Hacía más lógica lo que alguien había dejado por escrito. Aunque cabe decir que también los catecismos habían sido escritos por el hombre. Además, la foto de Darwin y la de Dios que estaba dibujada en la portada de mi catecismo, tenían un gran parecido. Los dos se veían viejos, tristes, cansados, con una gran barba y eran de piel blanca. ¡Qué tiempos cruciales! ¿A quién creerle? ¿A los maestros o a las muchachas del catecismo? ¿A Darwin o a Dios? Entre más pasaban los días y aprendía más, más me atrapaba la inquietud de seguir explorando para encontrar explicación a la maraña de ideas que de cada lado se me inculcaban. ¿Quién tenía razón? Más tarde me di cuenta que en mis años de primaria, solamente me encontraba en el inicio de una brecha llena de interesantes hechos científicos, mitos ancestrales y creaciones basadas en milagros sin comprobar.

Todos los días, después de terminar las clases, tenía que ir al campo por leña, a cuidar chivos, burros, vacas, borregos o a trabajar en las milpas. Estas tareas completaban el día laboral. Una vez en el campo, dejaba mi imaginación marcharse lejos, lo más lejos posible. Sentado en mi piedra favorita, me gustaba observar el viejo camino. Este era como una larga, gris y fría serpiente «corredora». El camino, revestido de un material oscuro, se alargaba con sus blancas líneas centrales e interrumpidas por tramos, como queriendo alcanzar el infinito. Se alejaba y por momentos se tragaba en la inmensidad del horizonte a uno que otro carro que por ahí se aventuraba a pasar. Mi imaginación cambiaba y en ocasiones me decía que la carretera nunca terminaba. Que simplemente seguía atravesando pueblos, ríos, montañas, ciudades y que terminaba hasta donde topaba con el mar. El mar que solamente había mirado en las fotografías de los libros. Ese camino se llevaba y traía todos los días a los maestros que sabían casi todo.

Posiblemente, ese era el camino para irse algún día y aprender qué tanto había de cierto acerca de los changos que habían evolucionado hasta volverse hombres. Acerca de los españoles y sus invasiones. Esa era la carretera que en una ocasión había traído al sacerdote del pueblo, el que se encargaba que las catequistas nos enseñaran la otra versión de la historia: la de nuestros primeros padres, la de la costilla del hombre convertida en mujer. El sacerdote de piel amarillenta, por la cual se transparentaban sus azulosas venas, ese hombre de ojos pálidos, parecía que siempre estaba moribundo. En una ocasión le escuché decir que Dios trabajó seis días para crear el mundo y que descansó el domingo. ¿Por qué mis padres y las gentes de mi pueblo tenían que trabajar los siete días de la semana para sobrevivir?

Por ese camino principal, el que se perdía en el horizonte, llegaba todo. También, por ahí se escapaban los sueños de los que algún día iríamos a reencontrarlos. Esa era la puerta para irse en busca de lo que cada uno quisiera encontrar. Esa era la carretera que en la inmensidad de la distancia y el tiempo se tragaba a los que querían ir a descifrar el por qué los conquistadores nos habían traumado para siempre. Por ahí se salía a buscar las verdades y a encontrar mentiras. Por ahí llegaban muertos los sueños, y los cuerpos de muchos. Sin yo saberlo, en aquellos tiempos, ese camino ya se llevaba muchas ilusiones de los habitantes de San Martín Tilcajete. Se llevaba también a sus hombres y sus mujeres que partían en busca de mejores formas de vivir, sin importarles lo que más allá encontrarían. Algunos se toparon con la muerte, sin embargo retornaron. En aquellos tiempos, yo ignoraba que desde tiempos inmemoriales ese camino ya se había llevado a mucha gente a conocer el mar, las grandes ciudades, otras naciones y al final el país llamado México.

Ese camino ha estado y estará pendiente de los que se fueron, regresaron, los que hoy se van y de los que regresarán, por los siglos de los siglos...

San Martín Tilcajete, Agosto 2000

EVARISTO, LOS SURCOS Y EL TIEMPO

Evaristo había empezado a trabajar desde muy temprano en su plantío de frijol. El sudor que empapaba su frente no coincidía con el clima de la mañana. Era una mañana fría de principios de octubre. Por momentos, Evaristo se enderezaba y se sobaba la cintura, se limpiaba el sudor que afanosamente trataba de cegarle, y observaba el horizonte; estaba a punto de amanecer.

Evaristo había llegado desde muy temprano a trabajar en una de sus parcelas. En esta ocasión le había tocado desenyerbar su plantío de frijol. Las matas habían comenzado a florear, y su colorido anunciaba una muy buena cosecha. En cada azadonazo que Evaristo descargaba en los acahuales, sentía que se iba parte de su alma. El ver sus matas tan saludables le inspiraba trabajar con más ahínco.

A sus quince años, Evaristo amaba su trabajo. Había aprendido casi todas las tareas del campo. Su abuelo Sergio le había enseñado los secretos que celosamente los campesinos oaxaqueños guardan. Frecuentemente el abuelo Sergio le decía: tienes que saber todas las tareas del campo. Es bueno saber de todo. Así, si algún día te marchas a la ciudad capital, a la ciudad de México, o pa'l norte a estudiar o a trabajar en otros oficios, acuérdate que aquí tienes un lugar y trabajo, que siempre te estarán esperando. Recuerda lo que dijo Emiliano Zapata: la tierra es de quien la trabaja. Y si tú no trabajas tus tierras, te perderás en el olvido.

Desde que tenía cinco años, Evaristo había empezado a ayudar en las tareas del campo. Durante las vacaciones escolares de verano, el muchacho trabajaba con su abuelo Sergio.

Las jornadas eran agotadoras, sin embargo, las historias que el abuelo contaba a Evaristo hacían las actividades del día menos pesadas.

En los tiempos de labranza, el abuelo Sergio araba y Evaristo sembraba en los robustos surcos que el arado abría. La tierra fresca y olorosa acariciaba los pies del muchacho. Los surcos se extendían por todo lo largo de la parcela como venas rebosantes. Evaristo mataba el tedio contando las semillas que dejaba caer y tratando de imaginar la cantidad que de estas saldrían al convertirse en nuevas mazorcas.

Enmarcado con la verdura de los veraniegos campos, el abuelo Sergio detenía la yunta para esperar a Evaristo, y transmitirle información acerca de los quehaceres del campo. Para hacer este trabajo, hay que tener mucha paciencia. Hay que tener fe en el campo. Hay que mantener la esperanza en que vendrán buenas lluvias, para que se den las buenas cosechas. Hay que entregarse al campo. Hay que amar a los toros porque sin ellos, no podríamos arar. Habla con ellos cuando sientas que es necesario. Dales nombres. Ellos entienden. Respeta la tierra. Nunca maldigas a las lluvias tempestuosas, el agua de las nubes es sagrada, como sagradas son las mazorcas, el frijol, las semillas de calabaza, la higuerilla[1] y el garbanzo. Perteneces a la tierra; acuérdate que tu ombligo está enterrado en ella.

Cuando Evaristo tuvo suficientes fuerzas, el abuelo Sergio le enseñó a uncir la yunta. Aprendió a manejar el arado. Se volvió diestro en conducir la carreta tirada por los toros. Su espalda se endureció como un tronco de huisache a causa de cargar las canastas llenas de mazorca durante las temporadas de pizca. Evaristo aprendió casi todos los secretos de los campesinos. A sus quince años era uno de ellos.

. . . .

[1] Higuerilla (*Ricinus Communis*). Planta de las regiones cálidas intertropicales, cuya semilla produce el conocido aceite de ricino o de castor que goza de importantes propiedades médicas e industriales (...). (Tomado de Santamaría, Francisco. *Diccionario de Mejicanismos*. Méx. Ed. Porrúa. 1992. 1207 págs.)

Respetado y apreciado por la finura de su trabajo y por su dedicación a los surcos.

Los primeros rayos del sol empezaron a iluminar las colinas aledañas a la parcela de Evaristo. El muchacho sudaba copiosamente. Sentía que cada gota de sudor que regaba sobre las matas de frijol se convertiría en uno de esos preciosos granos negros. Imaginaba sus deliciosos frijoles, cocinados con epazote[2], ajos y cebollas. Frijoles de la olla acompañados con un chile asado y tortillas tlayudas[3], digno platillo de uno de esos príncipes zapotecas que en los libros de historia oaxaqueña solían ser mencionados.

Esa mañana, mientras trabajaba en el frijolar, a Evaristo le entró curiosidad cuando al enderezarse para descansar vio las moribundas luces de un destartalado automóvil que desganadamente avanzaba por la única carretera que conducía a la ciudad capital. Mientras quitaba el lodo de sus guaraches, Evaristo observó el cacharro hasta que fue devorado por las entrañas de las colinas. Le inquietó una duda. ¿Qué había más allá de las lomas? ¿Hacia dónde iba ese carro? ¿Acaso llegaba hasta el *norte* del que tanto había oído hablar últimamente y hacia el cual muchos de los hombres y mujeres estaban emigrando? Evaristo volvió a sus tareas, tomó con fuerzas su azadón, siguió golpeando los acahuales y aceitillos. La duda seguía en su mente. El muchacho jugaba con sus pensamientos mientras trabajaba.

Partiré al morir el día. Te dejaré, oh tierra. Me mezclaré con los colores del ocaso. Me iré como se van los hombres y las mujeres del pueblo. ¿Seré suficientemente valiente como ellos? ¿Para irme con ellos? ¿Sufrir como ellos? Y, algún día, ¿a ti volver como ellos?

En una de las celebraciones del día de los muertos, el abuelo Sergio había dicho a Evaristo: todos nos morimos algún día, pero acuérdate que la esperanza muere al último. Mira todos los muertos que hoy estamos venerando en este altar, dijo el abuelo mientras señalaba los panes de muerto que representaban a cada uno de los miembros de la familia ya fallecidos. Ellos nunca perdieron la fe en ellos mismos, ni en esta tierra tan rica. Muchos de ellos se fueron del

. . . .

[2] Epazote (*epazotl. Chenopodium* Ambrosiodes). Hierba aromática comestible y medicinal. El diccionario de la Academia de la Lengua Española la llama epazote. (Ibidem).

[3] Tlayuda o clayuda, tortilla hecha a mano basándose en masa de maíz cocida en comal, de notable tamaño, cual suele durar más días que la tortilla común y puede comerse sin calentarla.

pueblo por años, sin embargo, un día regresaron para servirle a su gente de la manera que estaba dentro de sus posibilidades. Aquí ellos tenían el verdadero valor que les correspondía. Decían que al andar en tierras lejanas, eran uno más de los montones de gente que venían de otros pueblos. Aquí descansan ahora, y cada año nos visitan. Así como ellos, tú también tienes que irte. Tienes que conocer otras tierras. Tienes que educarte. Tienes que regresar algún día. Eres ya un buen campesino, pero en estas tierras necesitamos más que eso. Tú ya sabes cómo trabajar la tierra. Tú eres joven y en tus hombros está la esperanza de los jóvenes que vienen creciendo. Estudia para maestro y regresa a servirle a tu gente. Ellos te necesitan. Acuérdate que perteneces a este lugar. Aquí eres más útil que en cualquier parte.

El día clarea más y más. El sol devora montañas, arroyos, el cerro encantado y de repente ilumina la hermosa cara de Evaristo. El muchacho se pone los guaraches y golpea fuertemente las raíces de la hierba mala que afanosamente trata de invadir el frijolar. Suda, y cada gota que cae parece detenerse en el espacio que separa su rostro de los rebosantes y olorosos surcos.

LOS CANTOS DE LA CIUDAD

Mexico city, many, many years ago

He andado muchos caminos.
He abierto muchas veredas.
He navegado en cien mares,
Y atracado en cien riveras.

En todas partes he visto
Caravanas de tristeza.
Soberbios y melancólicos.
Borrachos de sombra negra...

Antonio Machado/ Joan Manuel Serrat

Estaba caminando por la misma banqueta. Era la misma calle de todos los días. Andaba cabizbajo. Mi mirada se perdía en lo gris del concreto. Trataba de contar los pasos que daba de la parada del autobús a la entrada de la vecindad donde vivía. Me interrumpía el ruido de los autos que desesperadamente peleaban tratando de ganar espacio en medio de una calle atascada, desesperada. Todo me turbaba. Hacía un poco de frío. Era noviembre y el invierno estaba al doblar de la esquina.

Todo era gris a mi alrededor. Las gentes que caminaban a mi lado tenían sus miradas perdidas en el infinito. Pensaban. Nos ignorábamos los unos a los otros. Era como si todos tratáramos de adivinar hasta donde llegaban esas líneas paralelas hendidas en el concreto que demarcaban los bordes de la acera. Esas líneas marcaban una frontera. Una línea divisoria entre el caos vial y la amargura de los peatones que difícilmente caminaban tratando de recuperar los pasos andados en la rutina de sus vidas.

39

Hundido en la profundidad de mis pensamientos, trataba de balancear el ritmo de los latidos de mi corazón con la dirección de mis pasos. Sin embargo, después de la tercer palpitada con la que trataba de comenzar el compás, el alboroto de los autos hacía que mi estímulo se esfumara. La opacidad de la tarde devoraba desesperadamente los residuos de esperanza y arrinconaba mi despedazada sensatez. Todo era ruinas dejadas por el trajín de la semana.

El humo negro que se escapaba por los tubos oxidados de las destartaladas máquinas de transporte público, ayudaban a desaparecer las escasas luces del agonizante día.

Hacía un poco de frío y frías estaban mis manos. Me ardían los ojos. Mis oídos se esforzaban por distinguir las palabras que sin ton ni son salían de las bocas de los frustrados conductores. Estaba anocheciendo.

Las mentadas de madre a la desesperanza eran la poesía viva de ese caos vial y emocional.

No eran las estrellas las que anunciaban el nacimiento de otra noche, sino las pálidas luces de las calles, los anuncios de neón, las ratas que salían de las alcantarillas en busca de comida, las avenidas congestionadas con almas perdidas, los anuncios de hoteles con alguna que otra letra sin prender, las putas y los travestis en busca de un cliente al cual consolar y la vida pasando rápido en un lugar en el cual el tiempo corre a la par del dinero. La miseria, el dolor y la frustración de los habitantes. Todo eso era lo que indicaba la muerte de un día más.

Hacía ya mucho tiempo que el cielo no coloreaba de azul y blanco los espacios que la jungla de edificios dejaba entrever escasamente y en contadas fechas del año. Y no era que el cielo no existiera, es que una capa gris de penas y de humo había cubierto la ciudad.

Era viernes, había terminado una semana más. Mi cuerpo estaba presente en esa tempestad de locura. Mis abrumados pensamientos viajaban en el tiempo para recrearse en otros lugares. Mi imaginación se acurrucaba, allá, en donde las tardes de viernes eran distintas. Y donde las mujeres, los hombres, los viejos y los jóvenes se saludaban por sus nombres al encontrarse en las callejuelas. Ahí, era otro mundo. Un mundo todavía humanizado. Un mundo en el cual el cielo se enrojece de pena en las tardes al pronosticar una noche fría y se viste de borreguito en las airosas mañanas. En ese recóndito lugar, el cielo es azul todavía: como azul es la mar.

La mar, ese gran espejo en donde los ángeles admiran su belleza desde lo alto del infinito. Mis pies movían al resto de mi cuerpo casi inerte. Sin embargo, la otra parte de mí, la que se iba cogida de la mano de la imaginación, escapaba desesperadamente para librarse de ser devorada por la inmensidad de la ciudad.

Repentinamente mi otra parte, la aún con vida, se encontró lejos, tan lejos que tal vez sería imposible transportar a la parte inerte a ese mismo sitio.

La parte que se marchaba con la imaginación se entretenía allá en los campos oaxaqueños escuchando la lluvia de julio. Disfrutaba el canto de las ranas en brama. Se alimentaban de los cantos religiosos en una tarde decembrina. Imploraban con los lugareños cuando el cielo no quería derramar sus lágrimas. Escuchaba el ronquido de los viejos. Vibraba al percibir el gemir de las parejas jóvenes cuando hacían el amor. Se desvelaba con la madre que velaban la enfermedad de alguno de sus hijos, o que trasnochaban en espera de sus maridos borrachos.

Se nutría de historias, cuentos, fábulas, canciones populares y leyendas. Ponía oídos sordos a las mentadas de madre, a la mala suerte. Esa otra parte de mí había encontrado la forma de abandonarme en los momentos grises de la ciudad. Ese Yo, se iba a respirar y nutrirse a la provincia.

Regresaba para alentarme y así continuar mis días en esa inmensidad de luces. Volvía con pulmones reconfortados. Le devolvía el color a mis ojos y refrescaba mi memoria. Me hacía vibrar y me revivía. La otra parte casi inerte, se emocionaba y me recordaba que allá existía aquel hermoso lugar y que aún me extrañaba.

Los cláxones y los aceleradores me hicieron despertar. Levanté la vista para ubicarme en el tiempo y en el espacio. Continué mi camino hacia mi lugar que era mi hogar. El día moría. La noche malparía las sombras ayudada por la mano y el ingenio del hombre. Me hundía. Me perdía en esa inmensidad de almas azotadas por las desgracias de una nación sumergida en días, meses y años de crisis. Mis pies me conducían hacia la inmensidad de la incertidumbre.

Sin embargo, buscaban afanosamente una salida. Pero la ciudad era inmensa.

NUESTROS ANCESTROS

En el mirador del aeropuerto de Oaxaca,
una madre, se deshacía al ver que su hijo o hija era llevado hacia lo
alto por un avión.
El infinito.
Lo desconocido.
Rezaba en su propio idioma.
No hacía falta traducción para entender su duelo.
Su llanto mojaba el negro rebozo.
Su pecho,
caía hasta sus pies.

El padre calladamente observaba...observaba.

Sentados en los portales del tiempo, nuestros viejos y viejas en donde quiera que se encuentran lloran por dentro, los hombres, y por fuera las mujeres, la ausencia de los que no estamos con ellos. Los hombres encierran sus sentimientos. Son prisioneros de las reglas de una sociedad machista. Derramar llanto no es para ellos. Se ponen máscaras forradas con cortezas de orgullo. Se tragan su sal para así seguir encalleciendo sus adentros. Sufren en silencio.

Las mujeres mojan los pechos de los que las dejan por un tiempo o también para siempre. Lloran abiertamente. Se desgarran al bendecir a sus seres amados al momento de la inevitable partida.

Sentados en sus ancestrales troncos, los hombres le sonríen a los que enfrente de sus recuerdos pasan. Las cuarteadas manos se les estremecen y un cosquilleo revitaliza sus pies al recordar aquellos tiempos de andadas, aquellas pistas

43

de baile, aquellas mujeres, aquellas interminables noches de juerga, aquellos sufrimientos y aquellas calles de aquellos lugares lejanos y cercanos en los cuales anduvieron. Todas las visiones se esfuman al percatarse que su hoy se hace también más distante con cada hijo o hija que se les va. Es entonces cuando lloran. Solos. Cuando cae la noche. Cuando ni su sombra está allí para juzgarlos.

Nuestras abuelas, madres y las demás mujeres que se quedan, al igual que uno y que todos nosotros los que nos vamos, también cruzan la línea que divide la realidad de lo ficticio. Sin embargo, ellas son pacientes, esperan a que sus seres amados, los que se marchan lleguen a sus lugares destinados, se instalen, estén bien y tengan tiempo para que ellas puedan incluirlos en sus pensamientos.

Después de los duros momentos de despedida, también ellas cruzan el tempestuoso umbral de los recuerdos, iluminan los oscuros rincones de sus tiempos pasados. Encienden las velas, abren los desvencijados cajones que contienen sus ricos archivos de la vida y deletrean las notas que han acumulado. Se les ilumina el rostro al repasar en sus mentes el momento en el que se enamoraron de sus hombres. Sus cansados ojos se engrandecen cuando desempolvan el momento en el cual se dieron cuenta que había alguien gestándose en sus adentros. Se les enchina la piel y se les tambalean las piernas al retroceder a aquella noche cuando retorciéndose en el petate parieron a esos seres que hoy ya no están.

Las mujeres siempre están viendo a sus hijos desprenderse de ellas. Los han traído dentro por meses. Los han sacado a tiempo para que vivan y vean el mundo. Los han amamantado, bañado, escuchado y abrazado. En las noches de invierno, de verano y en el resto de las estaciones del año, les han visto titiritar de frío o sudar por alguna fiebre. Los han curado. Los han creado a su manera para que sean capaces de sobrevivir. Han hecho gentes de bien y en muchos casos la sociedad se los ha transformado.

Así como han visto a sus hijos salir de sus rebosantes vientres y aferrarse a sus negros pezones, también se han sentido impotentes de retenerles cuando se han prendido de la idea de irse en busca de un despertar en un lugar en el que puedan tener una vida mejor. Se han desgarrado por fuera y por dentro cuando el tiempo desprende de sus fuertes brazos a esos retoños, que para ella siempre serán tiernos.

La imaginación es muy profunda. Con el poder de la mente se pueden inventar lugares y situaciones que aminoren la nostalgia. Tal vez nuestros viejos y viejas que se quedan esperando, inventan los lugares donde quieren que sus seres queridos estén. Siempre quieren lo mejor y así lo imaginan. Los viejos tal vez relacionan los lugares en los que antes estuvieron con los cuales sus hijos e hijas ahora se encuentran. Saben de las dificultades en tierras ajenas. Las mujeres solamente imaginan pues muchas de ellas siempre han estado en los lugares que han nacido. Su mundo es más estrecho que el de sus compañeros.

Es así como pasa la vida de los que se quedan. Esperan. Escuchan las noticias. Se llenan de esperanzas al ver pasar un avión en lo alto del cielo. Reinventan una vida. Viven de recuerdos. En los atardeceres, se sientan en sus milenarias piedras que les sirven como asientos, cierran los ojos... de pronto frente a ellos, aparecen chicos y chicas harapientos. Corren por el patio. Juegan a los encantados. Se pelean. Lloran. Ríen. Corren a sus brazos en busca de calor. Desaparecen repentinamente. Se han ido a poner sus petatitos de palma para seguir jugando en sueños. Cae la noche y los recuerdos se elevan, se vuelven plegarias.

Al abrir los viejos los ojos, se encuentran arropados por las sombras de la noche y un cielo inmensamente estrellado.

CONFESIONES

A sus veinte años, Alejandra era una experta en la historia de los santos y las vírgenes, del espíritu santo y del único dios. Cada domingo, y como ya era costumbre, la muchacha se daba prisa para terminar el trabajo en su casa.

Desde muy temprano empezaba a trabajar en el día destinado a descansar. Llevaba el nixtamal al molino, hacía las tortillas, cocinaba para sus hermanos, lavaba y planchaba. Debería estar lista a las cuatro y media de la tarde para dirigirse a la iglesia. Había sido elegida por el sacerdote para dar clases de catecismo a los niños y niñas de la comunidad. Sus conocimientos acerca de la doctrina católica los había adquirido por tradición. Su padre era rezador y miembro de la hermandad del Corazón de Jesús. Sin embargo, su madre había truncado su carrera de catequista al casarse. De alguna forma la familia tenía ya garantizado un lugar en el cielo.

Alejandra había crecido rodeada de rezos, ángeles de la guarda, escapularios, persignadas, temor a Dios, temor a los santos y a las vírgenes, penitencias, obediencia y sumisión. Siempre tenía cuidado de no pecar. Era suficiente haber nacido con el *pecado original* cometido por Adán y Eva.

47

Desde que empezó a tener uso de razón, Alejandra relacionaba todo lo que le rodeaba con un poder único y divino. Todo lo que ella escuchaba, veía, comía, sentía y olía había sido creado por la mano de alguien que siempre quiso ser semejante al hombre. *Dios creó a la mujer de la costilla del hombre.* En la mente de Alejandra nunca y ni por error pasaba la imagen del Creador representado por una mujer. *Dios hizo al hombre a imagen y semejanza de él,* era lo que ella siempre enseñaba a los niños en los domingos de adoctrinamiento; esto era lo que el catecismo, el sacerdote, las monjas, sus padres y toda la gente del pueblo también predicaban.

No había manera de contradecir lo que por costumbre ya estaba bien establecido en cada una de las mentes de los habitantes de la comunidad. Era imposible cambiar las leyes del Todopoderoso.

Eran alrededor de las cinco de la tarde y el sol lentamente se acercaba a las crestas de las montañas aledañas. El día de descanso para los habitantes del pueblo estaba desfalleciendo. Los escasos jóvenes de la comunidad se paseaban por las polvorientas calles. Piropeaban a las muchachas. Vagaban. Perseguían la esperanza de algún día irse en busca de aventuras, de dinero, de un mejor futuro. *El Norte* era la visión de la mayoría de los muchachos de la comunidad.

Era domingo y, de acuerdo a las costumbres, los habitantes del pueblo habían descansado de sus tareas semanales. En la mañana hubo una extensa misa, pues en las últimas semanas habían nacido muchos nenes y hubo que bautizarlos. Hubo muchas confesiones. Tal parecía que en estos tiempos a la gente le había dado por pecar más de lo debido. También, en los últimos meses, muchos hombres y mujeres se habían marchado del pueblo y pues había que rezar por ellos. Hacía muchos años que algunos de los que habían emigrado al norte no había vuelto a casa y pues había que decir rosarios para consolar a las madres, a los hijos, a las esposas, a las amantes, a los amantes, a las novias, a los novios, a los abuelos y todos a los que a diario se desgastaban esperando el ansiado retorno de sus seres amados.

Hubo también que pedirle al santo patrón del pueblo que tratara de detener el escape de esos brazos fuertes, pues en cada principio de año se recrudecía la migración. Después de la misa, Alejandra había encendido una veladora para pedir e iluminar el regreso de su adorado Bernardino.

Aunque la costumbre dice que el día domingo es para descansar y para ir a la iglesia, este día había sido un día más de arduo trabajo colectivo. Aunque los habitantes del pueblo descansaban de sus actividades personales, debían de cumplir con su trabajo comunal. En el pueblo siempre se está construyendo o reparando algo y las costumbres también dictan que los domingos son días de *tequio*.

El séptimo día de la semana está designado también para enseñar catecismo a los niños y niñas de la población. Es importante hacerlo, pues la iglesia católica siempre quiere seguir sembrando sus semillas en tierra virgen. En las comunidades hay que hacerlo antes de que los niños y niñas se marchen. *Fuera del pueblo, se aprenden malas costumbres*, decía el sacerdote en cada uno de sus castigadores sermones. Había que inculcarles los buenos principios. Había que adoctrinarlos antes de que dejaran el pueblo, y antes de que aprendieran la historia de la humanidad que los maestros de ciencia enseñan en las escuelas.

En el atrio de la iglesia los niños y niñas jugaban a los encantados mientras esperaban a que sonara la tercera campanada para entrar a la doctrina. Sentada en una de las jardineras, Alejandra también esperaba. Acariciaba pacientemente las puntas de su rebozo negro. Su mirada estaba fija en la escritura que difícilmente se distinguía en una de las torres de la iglesia.

En el centro de esa escritura había unos números que indicaban el año mil setecientos y tantos. El edificio era más viejo que cualquier hombre o mujer de edad avanzada en el pueblo. *Tiene más de dos siglos,* decían los pobladores. Los siglos representaban indescifrables tiempos pasados para Alejandra. Sin embargo, la muchacha suponía que el templo había estado y que estaría ahí por los siglos de los siglos, pasados y venideros.

Atardecía y el viento empezaba a soplar más y más fuerte; era el mes de octubre. Hacía un poco de frío. Pronto sería la época cuando los lugareños tendrían que ir a las colinas cercanas a cortar las flores de Todos Santos. Los vientos del norte empezaban a aparecer.

Era el mes que por alguna razón arrastraba nostalgia.

La tierra suelta se despegaba del suelo, se marchaba con el viento. *Polvo eres y en polvo te convertirás*. El polvo se adhería al vestido de color morado y el mandil bordado con flores que con tanto esmero Alejandra había lavado, almidonado y planchado para lucirlos este

domingo de catecismo. La tierra suelta le lastimaba los ojos. Por momentos las basuras se aferraban a sus pies, se debatían con el viento, buscaban la vana ayuda de las piernas de Alejandra para permanecer enredadas a ellas. Las hojas de las jacarandas se alejaban lo más lejos que podían. Las bolsas de plástico, los pedazos de papel y las envolturas de golosinas desaparecían en medio de las nubes de polvo. Todo lo que ocurría alrededor de Alejandra era obra del único dios que dominaba este mundo.

Dios hizo el cielo, la tierra, el mar y todas las cosas, repetían los chamacos que atendían la doctrina. ¿Quién es Dios? preguntaba Alejandra. *Dios es nuestro padre, creador del cielo y de la tierra, del mar y de todo lo existente,* coreaban los niños y niñas.

¿Dónde está Dios? *Dios está en el cielo, en la tierra, en el mar, en el viento y en todas las cosas,* repetían el eco de la casa más grande del pueblo. ¿Y, quién es Dios? ¿Quién era en realidad aquel ser que era dueño de todo lo que se proponía? ¿Por qué tenía una casa enorme si no la necesitaba toda? ¿Por qué muchos de los vecinos de la población todavía vivían en casas de acañuelas con techos de láminas de cartón? ¿Quién podría ser capaz de tanto poderío para crear todo lo existente? ¿Por qué el hombre había sido creado igual que ese Dios al cual nadie había visto, tocado o insultado? Y ¿por qué la mujer había sido moldeada de la costilla del hombre? ¿Quién es Dios?¿Quién fue Dios?¿Quién creó a Dios?

Con mucho temor, Alejandra se cuestionaba en su interior lo que enseñaba de catecismo los domingos. Quería encontrar algo más profundo que las respuestas escritas en los libros religiosos que leía. Alejandra sentía temor cuando se hacía este tipo de preguntas, se sentía pecadora y se persignaba. En incontables ocasiones había dudado de las leyes del Creador. ¿Por qué no estaba completamente conforme con lo que por años había adquirido por tradición? ¿Por qué a estas alturas de su vida dudaba de lo que por años le habían dicho que tenía que aceptar sin cuestionar? ¿Por qué había tantas confesiones en los últimos tiempos?

¿Sería tal vez que las otras gentes estaban en la misma situación de dudas y contradicciones y por eso se confesaban, para limpiarse, cada fin de semana y poder caer en tentación por el resto de los días?

Alejandra esperaría pacientemente el próximo domingo. Durante la semana podría seguir calladamente cuestionando su interior.

El día de descanso llegaría otra vez, entonces estaría lista para entregarse a sus santos, a las vírgenes, a los ángeles del cielo, al dios único, al que nadie había visto, tocado o insultado. Después de todo, el domingo habría confesiones otra vez.

ALMA ROSALÍA

Alma Rosalía se marchaba de su pueblo oaxaqueño con la esperanza de reencontrarse con su esposo en el estado norteamericano de Oregon. El amargo momento había llegado. Por meses, ella y su esposo estuvieron planeando esta riesgosa reunión. Alma Rosalía sabía que tomar la decisión de dejar su pueblo, su familia y enfilarse hacia el norte era cuestión de exponer su vida y la de su pequeña hija Erminia.

Efraín se había marchado dos años antes. Primero me voy yo y después te vienes con la nena. Déjame ir adelante, busco trabajo, pago las deudas y después reúno para el coyote de ustedes, le dijo Efraín antes de irse. Después de pasar por el ritual del cruce de la frontera y con el paso del tiempo, Efraín se colocó en un trabajo, pagó las deudas adquiridas con el prestamista del pueblo, ahorró dinero y mandó a traer a su familia.

Rosalía se despidió. Abrazó una y otra vez a su mamá Carmen. Tomó fuertemente las manos de don Bartolo, su padre. Cuídense mucho, les dijo. Miró de reojo hacia el altar en donde ya ardía una veladora iluminando el rostro de la virgen de Juquila. Entre llantos y bendiciones, se marchó. Antes de tomar el camino que la llevaría a esperar el autobús, se metió a la iglesia. Ahí le pidió a Dios que la protegiera a ella y su hija. Le prometió a la virgen del pueblo que algún día regresaría y que su hija Erminia sería la madrina de su celebración el doce de mayo.

Cuídanos virgencita, más que nada a mi hija. El camino es peligroso. Dicen que en la frontera los gringos están cazando a los que tratan de pasar y pues yo no quiero que nada le pase a mi Erminita. Tú sabes que nos vamos, no por gusto, es que aquí ya está cada día más cabrón para vivir. Las tierras ya están cansadas, casi no llueve. Mis viejos ya están cansados y necesitan de mi ayuda. A lo mejor Dios nos está castigando por tanto mal que le hemos hecho a la tierra. Aquí en el pueblo todo está muy caro, no hay trabajo y menos para una mujer. Todo por eso nos vamos de aquí. Pero acuérdate que vamos a regresar. Ilumina mi camino. Acógeme bajo tu seno si algo llega a pasar, pero a mi hija déjala que conozca el mundo. Yo quiero que ella salga de aquí, que no sea pobre, que estudie y que no pase por lo que estamos pasando nosotros en estos tiempos tan de la chingada. En el nombre del padre y del hijo y del es......

Alma Rosalía se persignó, persignó a Erminia, la apretó entre sus brazos y abandonó la enorme iglesia.

En el pueblo la vida seguía su curso. Estaba pardeando la tarde, era la hora en que casi todas las familias estaban concentradas en la telenovela de moda. La madre de Rosalía no quiso acompañar a su hija y a su nieta a la parada del autobús. Está sentada frente al televisor. Sus ojos están irritados, quizás por la radiación del aparato, tal vez por tanto llorar. En el patio don Bartolo lentamente con su machete labra un barredor para su arado. Su mirada se pierde con el golpear de cada machetazo. Se ve distante. Posiblemente recuerda los momentos pasados en que él mismo se desprendió de los brazos de sus padres para irse en busca del resto del mundo.

En el cielo, las primeras estrellas empezaron a asomarse. El sol se ha marchado, se ha llevado de la mano otro día, y ese día ha arrastrado consigo otras dos almas.

REFLEXIÓN

Cuanto miedo he sentido al intentar hablarte para decirte lo que hay dentro de mí. He sentido miedo, no porque no tenga palabras. He sentido miedo porque las palabras que ahora poseo son diferentes. Ahora pienso doble. Ahora mis palabras multiplican mis penas, mi amor, mi entusiasmo, mis conocimientos, mis deseos de comunicar, mi ambición de aprender. Mi amor es doble. Sin embargo solamente lo hago en un idioma. El verdadero sentir.

Mis palabras son muy fuertes, tal vez ásperas o muy largas y extrañas.

Hace tiempo pensé que mis frases eran dulces, tiernas y que podían transmitir amor y pasión, y dar color, vida, sentido y figura a las palabras que a ellas componían. Ahora tienen doble poder.

Sin embargo, puedes traducir mis palabras, leer el lenguaje de mi cuerpo, reírte de mis malas interpretaciones, pero jamás podrás traducir mis sentimientos.

IMAGINACIÓN

Siempre que quiero recordarte, me gusta hacerlo porque sé que no me cuesta nada. Lo único que hago es mirar hacia mi interior. Rebusco en el pasado. Desempolvo lo que fue y lo que aún no fallece.

Siempre que quiero mirarte te miro. Cierro mis ojos y te contemplo. Te admiro de pies a cabeza. Te recorro con lo sutil de mi mirada. Te huelo. Te acaricio. Se encienden las cenizas que lentamente se estaban apagando. Te esfumas, sin embargo.

Han desaparecido tantos días y noches de los calendarios. Ha volado el tiempo. Se han esfumado los sueños que momentáneamente compartimos.

Te has ido de la mano de quien a tus pies supo plantar el mundo.

La distancia se ha puesto de por medio. Ella también nos cortó de tajo las veredas que juntos recorríamos. Enfrentamos de pronto una encrucijada. Tú escogiste el norte, yo, me quedé esperando que voltearas, al menos para decirme que algún día retornarías y que tu amor por mí se multiplicaría. 57

Siempre que quiero retozar en nuestros viejos tiempos, cierro mis ojos. Me ilusiono. Me trastorno. Transformo lo que encuentro a mi paso. Siento tenerte cerca. Siento tu pecho en mi regazo. Percibo tus latidos. Huelo tu aroma.

Aunque el tiempo ha pasado, me ha dejado extasiado, amordazado y con mi indefenso corazón despedazado.

Siempre que quiero recordarte, te espero. No espero tu figura, ni tu voz, ni tus caricias; espero que tu imagen tome forma en el fondo de mis oscuras noches.

Imploro para que vengas e ilumines mis impenetrables rincones. Ahí estoy.

Cuidándote. Esperándote. Imaginándote.

California, 1999

BILINGÜISMO

Todos las mañanas José llega tarde a la escuela. Siempre viene sin cosas. Ni una hoja de papel. Ni un lápiz. Nada. Le gusta siempre sentarse en la parte trasera del salón.

- *¡Hey, bato!, saca una hoja,* le dice al compañero más cercano.

-*¡Ése!, ¿Qué no sabes a qué vienes a la escuela o qué?* le contesta Joaquín.

- *Tú saca un lápiz loco, y no la hagas de pedo,* contesta José.

José fue traído a los Estados Unidos a la edad de tres años. Sus padres son originarios del estado de Jalisco, en México. Ahora, en el octavo grado, José habla dos idiomas. En ocasiones, empieza hablar en inglés y termina en español. Este joven se ha pasado la mayor parte de su estancia en la escuela, en programas bilingües. Gracias a eso aun conserva el idioma de sus padres.

Please find the value of x in the following equations, dice la maestra, mientras escribe una maraña de números en la mica del proyector.

59

This is a piece of cake blood, dice José mientras se deshace de sus lentes oscuros.

- *¡Hey miss! esto está easy. Give us algo más hard y así sí vengo a perder mi tiempo a la escuela,* refunfuña José mientras estira su larga humanidad de escasos catorce años. La maestra, acostumbrada a los comentarios de José, hace caso omiso a lo dicho y continúa escribiendo.

- *¡Hey Joaquín!, ¿Cuándo crees que vamos a usar estas pinches matemáticas? This is very stupid man! I don't fucking understand why we have to learn all this garbage. I am going to prove that I can solve these problems anyways dude. Tú sabes que yo soy bien chingón.* Protestando, el muchacho empieza a trabajar en lo indicado.

José aspira a ser carpintero.

- *There is good money fool. You can make veinte dollars per hour como carpintero. My dady gana a nueve cincuenta y pues ansina está bien. I will be making mucho dinero si llego a ser un carpenter. I won't need no math or all this fucking álgebra,* dice José, que aún sentado se ve enorme. A pesar de sus comentarios bruscos, el muchacho se empeña en demostrar que es lo que a pecho abierto siempre pregona: el más *chingón.*

- *¡Hey! Miss Robinson, I have the answers,* dice José levantándose de su lugar. La maestra le invita a pasar al pizarrón y resolver uno de los problemas matemáticos. José acepta y su enorme humanidad avanza a enfrentar el reto. José empieza a manipular uno de los ejercicios y define que para encontrar la hipotenusa de la figura geométrica que está en el ejercicio tiene que echar mano del *teorema* de Pitágoras. Después de jugar con sumas, exponentes y la raíz cuadrada, José da el resultado final.

- *X is equal to the square root Of thirty six point sixty, qué no?*

La maestra afirma con la cabeza y sonríe al momento que apunta los puntos que el muchacho se ha ganado.

- *I told you cabrones!* dice José refiriéndose al resto del grupo. *¿Sí o no batos?, soy bien chingón.* Sus compañeros de clase se ríen de los monólogos del muchacho.

Transcurre una hora y quince minutos, durante los cuales la maestra se esfuerza para que los estudiantes entiendan la importancia de las matemáticas en la vida diaria. Suena la campana. Ha terminado el primer período del día escolar. Los muchachos salen en tropel hacia su próxima sesión.

- *Excuse me, José, before you go to your next class, I would like to talk to you,* dice Miss Robinson.

- *Ok. Ok. Mis. Now, what did I do wrong.*

No hiciste nada malo, dice la maestra. Me preocupo por ti. Eres muy inteligente. Hablas mucho y además vienes a la escuela sin cosas. No quiero que con el talento que tienes seas solamente un carpintero. Tienes que aspirar a ir a la universidad. Tú eres capaz. Tú eres lo que tú siempre te llamas a ti mismo. Eres muy chingón. Dice la maestra en un español bien pensado y practicado.

- *I know, I know Miss. I'll try to be better. But, you know what? I do not like to bring things with me. That's for weak boys.* Y, *pues yo soy el más chingón, you know! Gracias de todos modos por preocuparse por mí, teacher,* agrega el muchacho mientras abandona el salón de clases con una gran sonrisa.

La maestra observa llena de ternura al muchacho. Sonríe y murmura: - es muy listo y ya cambiará. Solamente es cuestión de tiempo.

CUMPLIENDO...¿CUÁNTOS AÑOS?

Para los vástagos de Lao Roque y Crispina Hernández

Eran los viejos tiempos cuando las palabras se escuchaban diferentes. Eran los tiempos, mejor dicho -ni viejos ni nuevos- cuando se adoraba a todo lo que se encontraba a los alrededores. Era cuando las plantas curaban. Era cuando los pájaros cantaban. Así como cuando las guayabas se daban en racimos. Cuando los trompos zumbaban y cuando aún se podían ver zopilotes. Era cuando las milpas crecían hasta tapar a las yuntas, y el abono que se usaba venía de la misma mierda de los animales domésticos.

Fue en ese tiempo cuando viniste al mundo.

Las fechas claves de nuestro tiempo pasado y presente se han demarcado por ocasiones especiales. Se han referido con las fiestas de los pueblos, con los nombres de los santos y con las cosechas perdidas o bien logradas.

Cuando tú naciste se marcó una fecha. Fue muy especial. Importante porque eras otro ser humano que venía a sobrepoblar la tierra. Especial porque venías a alegrar la casa de una familia que cada año crecía y crecía. El tiempo te marcó al parirte ese día.

Tu tiempo disponible dentro de las hojas del calendario empezó a moverse contigo. A los pocos meses, el tiempo empezó a gatear a tu lado. Después caminaste. Al dar tus primeros pasos la vida se aferró más a ti partiendo juntos hacia lo desconocido. Así fue el arranque. Primero con un paso. Dos. Tres. Después más rápido. Cada paso que das hacia adelante nunca lo regresas. El tiempo va contigo. Y corres. ¿Acaso te detienes para darte cuenta si has vivido para trabajar o trabajado para vivir?

Un día fuiste lo suficientemente grande y partiste; tu destino fue el norte, California para ser más exactos.

¿Dónde quedó el tiempo en el cual las palabras se escuchaban diferentes? ¿De dónde hemos traído nuestros rasgos, nuestros nombres y nuestro color? ¿Por qué ahora hay cosechas más mal logradas que buenas? ¿Por qué ya no hay zopilotes? ¿Quién tiene las respuestas a esta maraña de preguntas? Parece que tú mismo, si buscas en tus entrañas desenrollarás la telaraña con la que hasta hoy te has cubierto.

Durante tu estancia sobre la tierra, la duda estará de tu lado, te harás muchas preguntas. ¡Sálte a buscar las respuestas!.

Estás ahora en otra etapa, los tiempos son más difíciles. Tus hombros tienen que ser más fuertes para soportar el peso de este mundo y sus contradicciones. Entre más pasa el tiempo, los seres humanos más dañamos nuestro medio ambiente, y la vida se hace más intrincada. Las pinches computadoras están decidiendo por nosotros. Ojalá estés consciente de todo esto.

Diariamente ves cómo los seres humanos dan por terminado su paso por las hojas del calendario. Constantemente observas los tiempos de guerra alrededor del mundo. Las batallas entre hermanos de raza no son nuevas. El ser humano es guerrero por naturaleza. Siempre ha prevalecido la explotación del hombre por su mismo compañero. Los asesinatos y las violaciones a los derechos humanos, con otros motes, han estado presentes durante toda la historia del ser pensante. No hay nada de qué sorprendernos. Siempre han matado indios en América (digamos que en todo el continente americano).Los descubrimientos de otras tierras, la invasión a la luna y los fracasos de querer aterrizar en el planeta Marte sólo son muestras vivas de lo que nuestros cerebros pueden conseguir y mal lograr.

Cuando tú naciste posiblemente había guerras. En aquel entonces, o habían masacrado estudiantes o estaban desmembrando a las guerrillas en alguna parte de Latinoamérica, Asia, África o en tu querido México. Hasta hoy, todavía existen grupos armados en muchas partes del mundo. Tal vez en aquellos tiempos cuando tú naciste, se estaba peleando una guerra absurda en Vietnam. Tal vez en muchas partes del mundo las mujeres estaban peleando por sus derechos de igualdad con los hombres. En San Francisco, por ahí donde tú estás, en aquellos tiempos, las mujeres se quitaban sus sostenes y los quemaban para demostrar equidad. Tristemente, en esos tiempos, los mexicanos ya eran explotados en el norte y César Chávez hacía alianzas con los patrones para conseguir cagaderos dignos para la raza cobriza. ¿ Sabes que tu padre ya se había ido de mojado desde antes que tú nacieras?

¿Te das cuenta que hay mucha similitud con lo que sigue pasando hoy día?

No se puede decir que se añoran los viejos tiempos. En aquellos tiempos, cuando las palabras sonaban diferentes, ya los hombres se mataban entre hermanos. Desde entonces ya se identificaban con colores distintos. ¿Será que siempre ha existido el racismo? Desde hace muchos años los pueblos con todo y sus culturas han sido devastadas. Con el paso del tiempo, los sonidos de las palabras también han sido cambiados. Han nacido nuevas expresiones, nuevos modismos, y se han ¡transformado! los idiomas.

Todo acontecimiento marca una época y afecta de una u otra forma la manera de sentir y de ver las cosas. En el presente, gentes que hablan diferente y que han sido vistas de la misma forma por la historia de los hombres, nos han despertado la conciencia. ¿Estás enterado que en el sur de México se está matando a los indígenas por el simple hecho de reclamar sus derechos? ¿ Sabes en qué parte de América está Loxicha, Pochutla, y el estado de Chiapas? También eso pasó con los primeros pobladores del norte del continente americano hace ya algunos lustros. Los Navajos, Los Sioux y muchos otras naciones indígenas viven ahora en reservaciones creadas por la inteligencia humana. Sin embargo, los indios de México, se cansaron de tanta opresión. En Chiapas se levantaron en armas. En otros estados están alerta de lo que se avecina. Con razón. Por justicia. Hace ya algunos años que los descendientes de los Mayas se cubrieron la cara con la vergüenza y la cobardía de los que tememos reclamar y salieron de lo más profundo de la marginación social para hablar en nuestro nombre. Quieren igualdad para todos los seres humanos.

¿Te das cuenta que no hay casi nada nuevo desde que empezaste tu jornada por el mundo? La historia se sigue repitiendo. La vida está llena de ciclos que van y vienen. El ser humano no ha sido capaz de romper esos anillos que envuelven su entorno. Copia. Se impone. Comete los mismos errores. Es opresor.

Recuerda que el mundo está dirigido por un solo patrón: el dinero.

Sigue cumpliendo años, y acuérdate que los pasos que empezaste a dar después de gatear, van a seguir su curso y tal vez algún día tengas la oportunidad de contemplar el desenlace de los acontecimientos que están engrosando la sangrienta historia de los hombres durante su y tú estancia en este mundo.

Recuerda que todo tiene su principio en las hojas de un calendario. Nada es completamente nuevo. Cada avance y retroceso se dan con respecto a los tiempos vividos.

Date oportunidad de pensar que, en el transcurso de la vida, afectada por el tiempo, todo se irá pero también todo se quedará.

¿Y tú, dónde estás ahora después de cumplir tantos años? Tal vez te has regresado al sur. Tal vez vives muy feliz cumpliendo más tiempo en algún lugar del norte o del mundo.

Bueno...recuerda que California también es un buen lugar para cumplir años.

Santa Cruz California, 1999

FELIZ NAVIDAD

Para los que se quedaron

Λ quien corresponda:

Desde hace mucho tiempo he sentido la necesidad de decirte lo que siento al estar aquí, en los Estados Unidos. Es precisamente en esta época de fiestas, cuando tantos recuerdos vienen a mí. Hace más de seis años que ando por acá, en esta bendita tierra que irónicamente cada día me es menos ajena.

Aquí he encontrado muchas de las cosas que no pude obtener cuando estaba en el pueblo. Aquí se trabaja siempre. Para poder sobrevivir y ahorrar un poco, he tenido que trabajar hasta doble turno. Aquí no es como allá en nuestra tierra nativa, en la cual tenemos tantos días de descanso. Tenemos tantos santos y vírgenes que hay que venerar. Las fiestas, tú sabes, quitan tiempo, nos divierten, y esto hace que gastemos lo que no tenemos. Las costumbres tú sabes. Las tradiciones. Las borracheras y todo el desmadre que le da vida y color a nuestra bella cultura. Tú sabes...

El estar aquí ha hecho que en ciertos momentos me sienta preso. Tal vez sin querer soy prisionero de mis propios sueños. En ocasiones siento como si estuviera encerrado en diferentes celdas. Cada celda enmarcada con diferentes épocas de la existencia del ser humano.

67

Aquí parece que la historia y el tiempo por fin han coincidido para ponernos a toda esta amalgama de gentes en una situación similar. Es bueno estar rodeado de una variedad de culturas.

Quiero que te enteres que aquí hay: afro americanos, asiáticos, hindúes, chinos, mexicanos, peruanos, negros latinoamericanos, negros del caribe, blancos, indígenas, negros americanos, iraníes, italianos, rusos, musulmanes, católicos, protestantes, racistas, locos, pobres, ricos, en fin, aquí hay mucho de donde escoger. A pesar de toda esta rica variedad, hay una situación en el que casi todos convergemos. Somos inmigrantes, o descendientes de estos y casi todos nos comunicamos en un idioma común. *English is the common language, you know...*

Casi todo lo que aquí me rodea no se relaciona en nada con lo que en mi lugar de origen se ha quedado. En las mañanas trato de despertar con el canto de los gallos. Es inútil, aquí me despierta el *alarm clock* . Quiero pararme del piso, como lo hacía de mi petate. Me he caído tantas veces que hasta me duele el alma con sólo acordarme. Ahora duermo en lo alto de una cama. Tal vez ahora podré soñar más con el cielo, digo, porque me acuesto más arriba.

Le echo de menos a los braseros de leña. Mis frijoles negros, ahora son calentados por el *micro wave*. A veces quisiera ver las columnas de humo saliendo de los techos de tejas, percibir el aroma a café, a chocolate. Eso solamente pasa allá en las casas del rancho. No hay ese humo. Ni hay ese olor. Aquí los colores predominantes son tristes. A veces siento que el olor también es artificial.

Tampoco hay el calor que acompaña a la lluvia, que seca el suelo, que hace que la tierra huela, y que hasta te den ganas de comerla. Aquí todo es diferente. Hasta mi nombre se ha reducido. Aquí, las eñes tienen prohibido darle el sonido melódico a las palabras. El español ha estado cambiando mucho con el paso de los años. Aquí muchos hablan *spanglish*. Esto es una mezcla del inglés y el español. No es ni lo uno ni lo otro. Se entiende, comunica que al fin de cuentas es lo que cuenta. Para mí este es otro mundo. Muchos dicen que es el mundo del progreso. Veo mucha publicidad, principalmente alrededor de las autopistas. Anuncian computadoras, teléfonos celulares, carros raros y caros. Parece que en estos días todo está bajo el milagro de los *dot, punto, com.* Cigarros. Pastillas para la impotencia. Líneas telefónicas del amor. Mujeres rubias y muchachos de diferentes razas enfundados en estilos de ropas insinuantes nos provocan a comprar lo último de la moda. Grandes pósters con mujeres mulatas, negras, asiáticas, latinas en ropa interior distraen a los conductores en los *freeways*. Hay comerciales que ofrecen viajes alrededor del mundo, excursiones a México. *No thank you. I do not want to go back to Mexico.*

Los zapatos tenis de alta tecnología elaborados en los *sweat shops* del tercer mundo compiten manipulándonos con sus sugestivos anuncios con deportistas de color. *Corona*, la cerveza más emborrachadora ha cruzado la frontera.

Los productos de alto consumo se pelean por tener un espacio en nuestros corazones y dentro de nuestros bolsillos. Especialmente en esta época de consumo.

Aquí se vende de todo. Todos quieren volverse ricos (¿y quién no?)

Hace unos días alguien me llamó por teléfono y me propuso que comprara algo que ni siquiera podía ver ni tocar. El *telemarketing*, tú sabes. En esos instantes me acordé de cuando iba al mercado allá en mi tierra y tenía que regatear con las placeras. Por lo menos ahí sí te dan la prueba de lo que venden.

La persona que me llamó hablaba mucho, tan rápido y en inglés que lo único que se me ocurrió decirle fue: *Could you please call me tomorrow?* Mira que al siguiente día llamó y me repitió exactamente lo mismo. Me divertí mucho en esta ocasión; a la vez, sentí mucha pena con esta persona. Se esforzaba tratando de hablar en español, pero se le cuatrapeaba la lengua. Esas gentes saben que aquí en los Estados Unidos hay mucho latinoamericano, y pues hay que hacerse bilingüe con tal de vender. Durante todos estos días, tal vez será por la época del año, me ha entrado tanta nostalgia, que hasta me dan ganas de regresarme para la otra parte de América. Pero cuando me pongo a pensar en las penas que pasé para cruzarme la frontera, en las corretizas que me dio la migra, y las palizas que me acomodaron los policías de ya ni me acuerdo qué parte del trayecto hacia el norte, se me enchina el cuero, y pues me aguanto. Me quedo.

A veces me dan ganas de soñar y, pues, créemelo o no, sueño.

Aquí sueño unas cosas que allá en mi pueblo no soñaba. En mis sueños y —válgame la redundancia— veo que me tratan muy mal. Veo que me discriminan a mí y a todos los que se ven como yo. Me siento perseguido. Me acosan gentes queriendo mi dinero. Me quieren vender hasta un lugarcito en el cielo. Ellos no saben que ese espacio ya me lo he ganado, y gratis. Aunque no entiendo inglés, en el correo me llegan tantas promociones que ya se han de estar acabando los árboles por tanto desperdicio de papel. Ya no quiero esos sueños. Quisiera tener los mismos que tenía antes de venir *pa'ca*. Quisiera ver la abundancia, las casotas de puro cristal, la riqueza y a toda la gente feliz del norte. El pinche norte, el sueño de muchas generaciones. Pues, me gustaría estar viviendo la vida que enseñan los gringos en sus películas enajenantes; y que nos hacen tener falsos sueños allá en nuestros países de origen.

Aquí llueve durante el invierno. Es todo lo contrario de lo que en casa estamos acostumbrados. He preferido no prestarle tanta atención a la lluvia en estos días. Hasta el agua aquí es más fría. Aquí llueve pero no sale el sol. Ni siquiera relampaguea. ¿Será que la lluvia también es artificial?

El sábado pasado estaba escuchando la radio —en español por supuesto— y pasaron una canción que decía en repetidas ocasiones que: si *el norte fuera el sur, serían los Sioux los marginados,* yo pensé que estos sueños se dan solamente en la mente de los buenos poetas. De todos modos los Sioux serían los Sioux en el Sur, en el Norte, en el Este o en el Oeste. De todas maneras estarían jodidos, como actualmente están; igual que los Mayas, los Seris, los Tojolobales, los Mixtecas, los Zapotecas, los Mapuches, los Miskitos, los Yaquis, los Triquis, los Navajos, los Apaches y todos los indios de América. Los que son pobres y explotados, lo son aquí y en los cuatro puntos cardinales. Y, como la canción dice al final, que *de todos modos sería la misma porquería,* pues yo creo que actualmente lo es.

Bueno, pues hasta hoy tuve la oportunidad de comunicarme contigo para hacerte saber un poco de lo que mi corazón ha sentido durante todo este tiempo de ausencia. Mis ojos han visto más, solo que no todo lo que se ve se siente. Hay algunas cosas que solamente hay que verlas e ignorarlas. Te vuelvo a repetir que tal vez es la época. La navidad tu sabes. Las lucecitas de colores, los recuerdos de las posadas. Los ponches.

Los cantos de la temporada. La canija nostalgia. ¿Será esto una manifestación normal de un ser humano ausente de su lugar al que un día perteneció por completo? Posiblemente me resisto a aceptar que cada año que pasa me pesa más al saber que me estoy quedando aquí.

Es diciembre y vienen las fiestas. El día de la Guadalupe. Las posadas. La navidad. El año nuevo. Después el día de los Reyes. Los tamales. Las piñatas. ¡Ah! Como me gustaría regresar a la cuadra, al pueblo, al barrio. Pero ni modos, aquí estoy, y ahora me aguanto.

Te dejo entonces. Yo tengo que descansar. Mañana será otro día de chinga. Total, las fiestas estarán esperando por mí. Y para ti: ¡FELICES FIESTAS NAVIDEÑAS en donde quiera que estés!

MARÍA SÁNCHEZ,
MONTAÑA MILENARIA

No te acerques a ese cerro, me decía el viejo con quien trabajaba en el campo. Ahí se aparece un hombre vestido de negro. Trae un caballo negro, hermoso y un traje que nunca nadie en estos lugares ha vestido. Se aparece a las doce en punto del día. Baja del cerro de María Sánchez. Si te ve te ofrecerá riqueza y poder. Te tentará con todo lo que tú siempre has soñado. Poder. Vida eterna. Mujeres.

A cambio de esto, tú tendrás que venderle tu alma.

Tenía ocho años de edad. Estaba estudiando el tercer año de primaria. Era la época del verano y tenía vacaciones. Durante los meses de julio y agosto, tenía descanso por parte de la escuela. Este período vacacional no era otra cosa más que dos meses de trabajo muy duro en los campos de maíz. En estos dos meses tenía que emplearme con algún campesino del pueblo dispuesto a pagar por mis pequeños brazos.

La temporada de lluvias en estas tierras oaxaqueñas venía a alterar la forma de vida de los lugareños. El campesinado despertaba de su letargo cuaresmeño. Todo era actividad. Todos trabajábamos: las mujeres, los niños, los viejos, los jóvenes. La palabra flojera desaparecía de la boca como por arte de magia. 73

El término "vacaciones de verano" para mí y para los estudiantes del pueblo significaba trabajar en el campo. Ayudábamos a sembrar el maíz, el frijol, la calabaza, la chilacayota y, a veces, la higuerilla. Cuidábamos los chivos, los borregos, los burros, los bueyes, las vacas y los sembradíos en el campo. En nuestras espaldas cargábamos leña para nuestras madres, que en la casa con apuro lidiaban con el trabajo. De vez en cuando nos dábamos tiempo para ir a recoger azucenas en las colinas aledañas al pueblo. Casi todos los niños en edad escolar, trabajábamos con alguien que quisiera emplearnos para aportar unas cuantas monedas a la raquítica economía familiar.

Todo esto ocurría mientras el cerro de María Sánchez nos observaba con el único ojo que tiene.

El cerro de María Sánchez es una de tantas montañas con forma caprichosa que la naturaleza puso en el estado de Oaxaca, en México.

Esta montaña tiene la forma de una gigantesca lagartija en reposo. La parte que se parece a la cabeza es la que ha recibido el nombre de cerro de María Sánchez. Las colinas siguientes le dan la forma de un gigantesco reptil relajado a todo lo largo.

En la parte que represente la cabeza, tiene un despeñadero enorme con rocas rojizas. A la distancia esto parece un ojo. Un ojo que vigila mientras el cerro duerme.

San Martín Tilcajete es uno de los pueblos custodiados por este cerro. Este pueblo es mi lugar de origen.

En los meses de verano llueve y también hace mucho calor. El cielo azul de las mañanas es digno de desconfianza, ya que más tarde será cubierto por inmensas nubes que parecen caras de viejos reclamando su puesto en el limbo de este escabroso valle. El cielo se cubre de gris y, en la tarde, el cielo suelta su llanto desesperado.

Igualmente, en aquellos tiempos de mi infancia, cuando el sol se encontraba en el centro del cielo, esperaba las nubes que cubrieran el sol dándome sombra, aliviando el extenuante sopor del verano.

Me dolía la cintura de tanto estar agachado. Apúrate muchito. Tenemos que terminar nuestra tarea de hoy. Estamos atrasados. La yunta ya nos lleva mucha ventaja. Nos ha hecho ya muchos surcos y tenemos que alcanzarla antes de que llegue el almuerzo. Al escuchar esta última palabra, me enderezaba y miraba hacia la vereda para ver si de un momento a otro aparecería la asa del chiquihuite montado en la cabeza de la almuercera.

Mi patrón notaba mi cansancio y mi hambre. Para distraerme, continuaba contándome historias acerca del cerro de María Sánchez, que imponente se erguía a pocos kilómetros de donde estábamos trabajando.

Nunca te acerques a ese cerro canijo, decía al mismo tiempo que discretamente yo me sobaba la cintura. Ahí, en el despeñadero, hay una cueva. De adentro sale una voz. Esta voz, te invita a pasar.

Si eres débil, y te gana la tentación y decides entrar, será muy difícil que salgas de ahí algún día. Adentro -dicen las malas lenguas- hay una ciudad bien hermosa.

Ahí el tiempo no pasa. Esa ciudad pertenece al hombre que sale en su caballo al medio día. El que compra las almas de los que caen en la tentación. Ahí se encanta la gente. Hace algunos años, dicen, un perro que andaba persiguiendo un conejo se metió a la cueva; el dueño de este lo quiso sacar. Éste, tonto, se metió. Hasta hoy nadie sabe de él. Cuídate de los medios días. Es la hora pesada. Es la hora cuando todas las cosas malas toman forma. A esa hora se puede encantar la gente en el cerro de María Sánchez. A esa hora el hombre vestido de negro merodea por estas tierras espoleando su hermoso caballo negro.

Los veranos van y vienen en esas mágicas tierras oaxaqueñas. Las cosechas son malas y buenas, dependiendo de la temporada de lluvias. Los niños de ese entonces se han ido. Los de hoy crecen posiblemente sin escuchar esas alucinantes historias. Las mujeres siguen trabajando desde que aclara hasta que oscurece. Los campesinos se alborotan cuando las lluvias empiezan. Ahí esta el cerro de María Sánchez todavía: imponente, ceremonioso, vigilando con su único ojo milenario a un pueblo también milenario.

Los viejos de antes ya no están para contar las leyendas.

ROSARIO

Era una mujer tan vieja. Estaba tan arrugada, tan marchita y tan maltratada que era fácil imaginar el tipo de vida que había llevado. Su cuerpo era pequeño pero con una fortaleza que solamente el tiempo y la experiencia le pudieron haber dado. Sus pies descalzos estaban marcados por las huellas de los caminos andados. Los pies callosos contrastaban con la lucidez de los mosaicos del piso sagrado de la iglesia al que con timidez acariciaban.

La mujer caminaba lentamente por la larga nave del templo. Cruzaba los brazos, se ponía de rodillas enfrente de cada virgen o santo que encontraba. Se persignaba y rezaba en un idioma distinto al castellano. Imploraba. Después de persignarse, hacía ademanes, apuntaba hacia el cielo de la iglesia. El tono de voz por instantes aumentaba. De pronto ésta se fue apagando lentamente. Se escucharon sollozos que hacían eco por la acústica del recinto. De sus cansados ojos brotó un mar de lágrimas. La anciana caminó un poco más y se detuvo. Enfrente de ella estaba un Cristo arrodillado. Ella hizo lo mismo. Le rezó en su idioma. Tocó la puerta del nicho como si quisiera desvanecerla y dejar así que el hijo de dios se liberara. El rostro pálido de Jesús la contemplaba con misericordia. Los ojos de la mujer se encontraron con la palidez

77

de unos ojos distintos, color cielo nublado, llenos de melancolía. La mujer se limpió el llanto con su rebozo negro. Suspiró.

Desde lo alto de la bóveda del templo unos santos barbados, unos ángeles con arpas y la madre de Jesucristo la observaban.

La mujer siguió -tal vez- implorando o reclamándole a ese santo desgraciado y ensangrentado a que saliera de su nicho de pena y le ayudara a lidiar con su pobreza. Que se fuera a dar una vuelta por el centro del pueblo para que se diera cuenta de cuánta desgracia azotaba a los lugareños.

Quizás eran plegarias lo que la mujer en su idioma recitaba. Quizás, buscaba en la cara de ese hijo de Dios, la cara de los suyos que se habían marchado, tal vez le estaba reclamando el por qué de tanta injusticia hacia los desprotegidos. Tal vez estaba clarificando que ese santo enfrente de ella había tomado el lugar de los dioses de sus antepasados. En ese instante, solamente esa mujer y tal vez dios y sus allegados sabían lo que esas palabras decían.

Jesús solamente la miraba con su rostro lastimado.

OTRA CARTA

Querida Pilar, si es que me permites llamarte así.

Te escribo para decirte que me disculpes por tardar tanto tiempo en enviarte esta carta. Ha pasado ya tanto tiempo desde que te mandé mi último recado. Han sido ya más de dos años desde que nos dijimos adiós.

Durante los primeros meses de haber llegado a este país, pensé en seguir mi plan tal y como lo habíamos hablado antes de venirme. El regreso siempre era el final. Nuestro reencuentro.

Sin embargo, los días han pasado tan rápido. Los meses se esfumaron. Se me pasó un año, luego otro y sabes que siento que quiero quedarme más tiempo en estas tierras.

Pues bien, el motivo de esta misiva es hacerte saber que no regresaré, por lo menos en los dos próximos años. Solamente estaré imaginándome la fiesta del pueblo ahora en febrero. ¿Qué tal pasaste la Navidad? Ojalá que hayas recibido la tarjeta que te mandé. Ahora me empiezo a dar cuenta que las cosas no han salido como queríamos. No he terminado la casa que te prometí allá en el pueblo. Nuestro nido como queríamos que fuera. Bueno, puedo buscar tantos pretextos para justificar mi ausencia, mas quiero que con esta carta hoy quede clara nuestra situación.

79

Sabes que hay muchas cosas que me gustan estando acá. Además la distancia que nos separa es tan grande y no he soportado tanta soledad.

Desafortunadamente he fallado a mis promesas. ¿Te acuerdas cuando nos despedimos debajo de esos palos mulatos? Jamás imagine que la aventura que emprendí ese día, cambiaría mi vida. Y que el sacrificio que tengo que hacer es el de renunciar a mucho, incluyéndote a ti.

Es doloroso. Sin embargo todo esto que está pasando es parte del riesgo al marcharse. Si no hubiera sido por la necesidad no nos hubiéramos separado. Pero, posiblemente nuestros destinos ya estaban demarcados por una línea divisoria. Te estarás preguntando por qué le estoy dando muchas vueltas al asunto, y si tengo a alguien conmigo. Sí. Pero aunque suene tonto decirlo, tú eres única en el rincón de mi corazón. Vives conmigo. Pero la tentación de este mundo fue más poderosa que cualquier amor. Duele. Pero pienso que nuestros caminos empezaron a ir en direcciones diferentes a partir del día en que me marché. Sin embargo tengo fe en que desembocarán en el amor que tú y yo merecemos.

Bueno, me dejo de tanta habladuría. Déjame decirte que cada que tenga la oportunidad de recordarte, lo haré porque eso es solamente lo que me queda y nada me cuesta. Conservaré los momentos más felices que juntos pasamos.

Sinceramente,

Fernando A.

Sacramento California, 3 de Enero del 2000

SAN FRANCISCO

Caminar por estas calles es muy interesante. Se siente una gran comodidad. Hay muchas diferencias con respecto a lo que mis ojos estaban acostumbrados. Muchas cosas se ven como en aquellas películas que en alguna ocasión miré en mi país. Los grandes edificios parecen mecerse en el espacio debido al efecto de las pasantes nubes. Las calles limpias contrastan con los mendigos que también aquí se acompañan de perros. El aroma de los puestos de flores se mezcla con la hediondez a orina que sale de los callejones, hogar de desamparados.

En las calles hay gentes de diferentes nacionalidades. Se escuchan diferentes idiomas. Las calles están atestadas de carros, es la hora de regresar a casa, sin embargo los conductores parecen autómatas que ni siquiera se atreven a accionar sus cláxones para desahogar su frustración de estar presos en un mundo de cajas rodantes. ¿Será qué son más cultos?

San Francisco California es atractivo para gentes de diferentes partes de los Estados Unidos y del mundo. En ella hay cabida para todos. Aquí se concentran hippies viejos, artistas, aventureros, migrantes, hombres de negocios, blancos, negros, asiáticos, latinos y tal parece que cada uno quiere ser único. La ciudad vibra de noche. Devora a los que caen en el infortunio del alcohol o drogas. Viola la integridad de las mujeres

81

que se pasean disimuladamente en sus aceras buscando clientes.

La bandera de la comunidad gay ondea grandiosa en el asta que a base de lucha ha ganado. Hay parejas de hombres en las calles tomados de las manos. Hay parejas de mujeres que no esconden su amor en los parques, en el tren subterráneo, en el centro financiero, y en los bares. Se besan apasionadamente. Ríen. Se acarician. Gozan su libertad de ser quienes son en esta parte del mundo.

Es excitante caminar por estas calles. A simple vista, todo parece ser libre. Todo tiene sus riesgos. Este lugar está repleto no nada más de gentes, también está cargado de esperanza y rebeldía.

Nunca me había sentido tan cómodo. Jamás imaginé tanta convergencia. La miseria y la riqueza. El amor homosexual. El arte. La buena vida y la violencia. La mala vida y las utopías de sus intelectuales. San Francisco, California, aquí se ha juntado lo mejor y tal vez lo peor de todas las partes del mundo.

REALIDADES, CUENTOS
Y COINCIDENCIAS

Cualquier parecido con la realidad,

es cierto, es coincidencia también,

es parte de nuestras vidas diarias.

Me llamo Esperanza. Yo también me crucé la frontera como la mayoría de los mexicanos que estamos en este país. Mi esposo fue por mí a mi pueblo allá en Oaxaca. Cuando me crucé la frontera, traía a mi hija Alvina que es la mayor, jalando, a mi Ángel, cargándolo, que ahora ya es un muchachote y a la Clara, a la que todavía le digo que es mi nena en el vientre. Cada vez que vamos a Tijuana y veo el anuncio que está allá en el freeway de San Diego, los monitos ésos, hombre, la familia corriendo, atravesándose la carretera, me imagino que así nos veíamos cuando nos pasamos para este lado. Me aventé por el cerro. Nada más el rebozo me volaba.

Llegué a este país hace ya diecisiete años. Ahorita en marzo los cumplimos. La noche que pasamos la frontera estaba tan oscuro que no me daba cuenta hacia donde íbamos. Solamente me guiaba con los gritos del coyote que nos decía que teníamos que agacharnos y escondernos en los cañones, debajo de los matorrales y debajo de lo que encontráramos. Ese cabrón, con perdón tuyo, de hijos de su chingada madre no nos bajaba. Eran los tiempos en los que Tijuana era el cruce favorito. Los tiempos del mosco, sí, el helicóptero ése con sus farotes que alumbraban como sí fuera de día. Los tiempos en los que lo más caro era pagar doscientos dólares. Ahora ya está más dura la pasada. Ahora, hay que irse al desierto de Arizona y por ahí los rancheros andan cazando a los paisas. ¿Has escuchado la canción de los Tigres del Norte? Esos batos sí que dicen la pura neta. El precio, ahora ya son casi dos mil dólares, dependiendo de donde vayas. Aunque la necesidad es cabrona y cada día sigue pasando más y más gente. Esto no se va a terminar, aunque los presidentes traten de convencernos a quedarnos en nuestra tierra, ¿cómo? ¿Y de qué vivimos? Esos cabrones son puro cuento.

Bueno, pues te estoy hablando de hace ya mucho tiempo. Primero se vino mi esposo. Se endrogó un chingo el pobre. Por casi tres meses no supe nada de él. Cada viernes, porque los días viernes es cuando llega carta allá en mi pueblo, corría al municipio a preguntar si tenía algún papel, pero nada. Así estuvimos por mucho tiempo. La vida allá está cabrona, tú sabes. Si para los hombres está del carajo, ahora imagínate para nosotras. Allá la costumbre es de que si no te casas antes de los veinte, pues ya te quedaste. Y si ya te quedaste, ya te chingaste. Yo me casé bien tonta, tenía dieciséis cumplidos. Lo único que sabía hacer era lavar, hacer de comer, ir por leña al campo, trabajar en la milpa y todo lo que una mujer tiene que aprender en el pueblo. Me casé bien. Me hicieron dos días de fiesta. Allá en mi pueblo de Oaxaca nos encanta la pachanga. Nos llevamos casi dos semanas haciendo los preparativos para un fandango. El día de mi boda, pues estaba triste y a la vez contenta. Muy nerviosa eso sí, estaba chamaca, pendeja digo ora que ya tengo más años y experiencia. Me acuerdo que a la hora de que mis familiares y mis padrinos me dieron la bendición, me hicieron llorar. Me decían cosas como si me estuvieran enterrando. Lloraban. No sé si de tristeza o de gusto o porque ya sabían lo que me estaba esperando más adelante. Cuando mis hijas se casen no quiero echarles a perder su fiesta. Es el día en que uno debe estar contenta. Yo voy a cambiar esa costumbre con ellas. Claro que el caso de ellas es diferente, porque gracias a que han sido educadas de otra forma, piensan diferente, no mal, simplemente son de otra generación, y pues parte de mis costumbres que dañan no les afectarán. Estoy muy contenta de que mis hijas han sabido aprovechar las oportunidades que han tenido. Aunque a los ojos de mis familiares allá en mi pueblo, ellas no son vistas del todo bien. Pero como siempre platicamos, hay que saber escoger bien entre las costumbres que son buenas y las que solamente han sido hechas para dañarnos a las mujeres y beneficiar a los hombres. Parece que mis muchachos salieron un poco rebeldes.

Bueno, y volviendo a lo otro...Mi marido es seis años más grande que yo. Cuando me habló para su novia, me acuerdo que fue el día que me hicieron mi fiesta de quince años, mi quinceañera dicen los que viven aquí en el Norte. El Ramón – así se llama mi esposo – había llegado de trabajar, creo que de Tabasco o Veracruz no me acuerdo bien. Se veía bien. Todavía es muy guapo. Me acuerdo que me dijo que con él me iría bien. Pues la verdad me dijo cosas que en mis meros quince me pusieron la piel chinita chinita. La verdad que sí me gustó, es de esos indios tercos, brutos, rezongones, pero tierno por dentro, de ésos yo agarré el último. Aparte de bien parecido, es muy trabajador. Pues me lavó el coco, tú sabes. Y como yo era chica y pendeja digo ahora... Pues me animé y le dije que sí. Que me dejara por lo menos otro año con mis papás y dependiendo de como nos lleváramos pues que me pidiera, porque eso sí la costumbre en mi pueblo es de honrar a los padres de uno. Hay que salir de blanco. Al esposo no se le da nada hasta la meritita noche, tú sabes. Pinches costumbres ¿verdad?

Cuando llegué a Oakland se me hacía rete feo. Llegué a vivir por allá por la Foothill y la veinticinco. Me daba miedo salir a la calle. Pasaban muchos carros con la música a todo volumen. Los negros me asustaban. La gente mal informa. Unas vecinas me decían: ten cuidado con esos cabrones porque nada más se la pasan atracando a los que se dejan. Un día, sabes que me cansé de escuchar que los negros esto, que los chinos, que los salvadoreños, que los gringos, que los pinches michoacanos, que los oaxaquitas son indios y codos, que los cholos y todos esos cuentos de la gente que no tiene en qué pensar y me salí a ver qué pasaba. Hasta parecía que estaba allá en mi tierra. Mucha desinformación. Allá también, a los de la costa no los queremos por negros, a los de la mixteca porque son mas indios que los triquis, a los del valle por que se creen los más chingones por estar cerca de la capital y a los oaxaqueños en general en todo México de paisitas no nos bajan. Yo digo que en todas partes es igual. Todos nos tiramos a todos, ¿o no crees? Me salí decidida a que me atracaran los mentados negros y lo que recibí fueron piropos. Sabes que los mexicanos y los negros me hicieron dar cuenta que no estaba tan tirada. A poco no todavía se nota que aquí hubo y hay calidad. También iba puesta a defenderme y a rifármela porque a eso vine hasta acá. Me asusté, sí, de ver mucha gente jodida en la calle. Pedían lo que uno le quisiera dar. Me di cuenta que me podía confundir entre el mar de gente de Oakland y poco a poco me metí a la tienda de los chinos – de que son tramposos, sí que los son, pero es como todo, si te dejas te joden y jodes al que se deja. ¿Dime quien no quiere chingar a quien en este mundo?.

Lo primero que hicimos después de acomodarnos en un cuartucho fue buscar escuela para mi Alvina. Me ayudaron unas vecinas que ya tenían su tiempecito por aquí. Y para acabarla de amolar, la escuela en la que entró mi hija a terminar la primaria estaba repleta de niños de diferentes razas. Eso sí de ese día en adelante le enseñé a defenderse y por qué no a tirar patadas ahí donde a ustedes más les duele. Pero como te estaba diciendo, le perdí el miedo a todas las cosas malas que escuchaba. Yo digo que en todas partes hay gente buena y mala. Ahora sé que es malo catalogar a las personas por el color de su piel. Es bueno aprender a convivir con los demás. Aunque no hay que dejar de pensar que aquí, uno siempre se la está rifando.

Pues después que me casé, ya que me fui conociendo mejor con Ramón, le dije que si en verdad me quería, lo único que le pedía era que no me maltratara, que no me pegara pues. Porque allá en el pueblo de donde soy, es raro el cabrón que no le dé sus cabronazos a su mujer. Hay mucho abuso allá. Y como allá no hay *nueve once*, imagínate. Allá ¿quien la defiende a uno? Si uno se va para la casa de los papás, pues te dicen, aguántate, es tu marido. Aquí no te puedo tener, ¿Qué va a decir la gente del pueblo? Regrésate, tú te lo buscaste. Hay papás que sí ayudan, pero tarde o temprano ellos ya no pueden con la carga y pues no queda otra más que regresarse a aguantarle al marido. Tú debes de saber esto ¿no? Tú eres mexicano y eres hombre o ¿a poco tú nunca le has levantado la mano a tu señora? Fíjate que el Ramón, gracias a Dios salió bueno. Él es muy dedicado a trabajar y a ver por mí y por los chamacos. Hemos ahorrado y construido una casita allá en mi pueblo en Oaxaca. Por si acaso un día nos vamos, que por ahora lo veo difícil. Aquí estamos bien. Los hijos van bien hasta ahorita. Ya saben inglés. Mi hija la más chica está en la *high*

school. Mi Ángel ya la está terminando y según dice, se quiere ir a la *ucla*, parece que es en Los Angeles ¿no? Mi hija, mi Alvina, es maestra de primaria. No te creas, nos ha costado tanto trabajo, pero ahí vamos poco a poco.

Fíjate que yo nunca quise ni quiero que mis hijos tengan la vida que nosotros vivimos. Si Ramón no se hubiera venido para acá, pues allá estuviéramos. Mis muchachos ya estuvieran casados. Y quien sabe qué tipo de marido le hubiera tocado a mis hijas. Allá el campo ya casi no da. Cada seis años los gobiernos se la pasan hable y hable y no hacen más que joder a los pobres. Fíjate que extraño mucho a mi tierra, algún día me voy a ir a morir allá. Pero así como están las cosas ahora, aquí nos quedamos, me aguanto, después me muero. Esperemos que el nuevo presidente así como habla así que mejore las cosas de México. Tienen mucha razón los chiapanecos que se levantaron en armas hace unos años. Si sabes de que te estoy hablando ¿verdad?.

No te creas... Aquí también está jodida nuestra gente. Siguen llegando familias enteras. Sigue la historia. Primero se viene el marido y a los dos años se traen a la esposa. Se vienen pero no dejan sus costumbres, que son buenas hasta cierto punto, pero hay otras malas costumbres que como hacen daño. Aquí los hombres siguen abusando a sus mujeres. Les pegan. Las amenazan. Y como están recién llegadas y no saben a dónde acudir por ayuda pues siguen aguantando los chingadazos. Las pinches costumbres ¿verdad? A veces me pongo a platicar con las vecinas y les digo donde encontrar ayuda. Algunas van, otras tienen miedo, hay otras que sí están aprendiendo a defenderse, o por lo menos a darse cuenta que aquí hay más apoyo para ellas. No te creas, donde quiera que las mujeres vayan siempre está cabrón para ellas.

Esta parte de California es muy bonita. Tiene sus lugares descuidados como todo lugar, digo yo. No conozco mucho este país. Hace un tiempo, cuando se graduó mi hija, fui a Chicago. He estado en Oregon, en Los Ángeles y en otras partecitas por ahí. Pero como dice mi hija que estar en el norte no es estar en los Estados Unidos. Porque cuando veo el mapa me doy cuenta de lo grande que esta nación es y que mi hija está en lo correcto.

¿Oaxaca?, pues extraño mis tortillas tlayudas, el chocolate, el mole, el mezcal, ¿lo has probado, verdad? A mis padres que ya están

87

muy grandes, ay... pues le echo de menos a muchas cosas a pesar de los años. Pero, como te decía hace un rato aquí hay trabajo y pues ni modos.

Trabajé en muchas partes. Después de que nació mi Clarita, entré a trabajar en una bodega de partes para computadoras. Un *werjaus* pues. Ahí estábamos muchas mujeres trabajando en la línea de ensamblar y empacar. Las que nos mandaban eran también mujeres. Creo que de India. Después anduve limpiando casas con unos coreanos. En las noches iba a las clases de inglés allá por la *International*. Le puse mucha dedicación y aprendí a defenderme. Después, en el ochentaynueve cuando agarré mis papeles, me metí a una empacadora de fruta allá por el *llaclondonescuer*. Aprendí un poco más de inglés y un poco de historia y matemáticas. Un día me animé a solicitar el puesto de ayudante de maestra. Y ahí en el distrito de Oakland sigo todavía. ¿Mi marido? Pues él es un poco burro y de la construcción no pasa. Sin embargo juntos estamos saliendo adelante.

No es nada fácil estar en este país. Bueno, yo creo que en todas partes. La gente que está allá en nuestra tierra se queja de lo jodido que están. Hay mucha pobreza y no es culpa de los pobres. Es que nuestros gobiernos -me voy a meter otra vez en la política- nos han engañado. Pero como te decía, si la solución para una mejor vida es el dejar la tierra de uno, pues adelante. Eso sí, hay que venir preparados a enfrentar algo que no es como lo cuentan los que van allá a nuestros pueblos. No es como en las películas. No todos corren con la misma suerte, ni todos alcanzan el *american dream,* como dicen los güeros. Aquí mucha de nuestra gente se pierde y se queda para siempre.

Aunque nos digan que los oaxaquitas somos ahorradores y codos, ni modos, es mejor que andar dando lástima, pidiendo para el café o para el trago. Las mujeres la tenemos más difícil. Hay que trabajar doble. Te chingas en el jale. Y si no tienes a un Ramón, con el cual compartir el trabajo de la casa pues ya te fregaste. Y si te rebelas, pues te va como en feria. Para las que van a venir deben de saber a lo que vienen. Hay que ponerse listas. Informarse y no tener miedo. Hay que poner de nuestra parte y a Dios le dejamos que participe en nuestra decisión al último. No quiero sonar tan atea, tú sabes, pero yo creo que de algo me han servido y curtido los años de andar por estas tierras.

Y aunque no me lo crean, ponle ahí que yo también me crucé la frontera como lo han hecho la mayor parte de los hombres que entran ilegalmente a este país. Y no hago tanto escándalo.

DOBLES PALABRAS

You can translate my words
and my gestures
but not my feelings

En la etapa de transición de un idioma a otro, se puede pasar desapercibido por el mundo. Se pierde el movimiento de las lenguas. Se confunde el cerebro y se vive a tientas.

Cuanto miedo he sentido al intentar hablarte para decirte lo que hay dentro de mí. He sentido miedo, no porque no tenga palabras. He sentido miedo porque mis palabras son diferentes. Ahora pienso doble. Mis palabras multiplican mis penas, mi amor, mi entusiasmo, mis conocimientos, mis deseos de comunicar, mi ambición de aprender. Mi amor es doble. Solamente hago el amor en un idioma, sin embargo. Mis palabras son muy fuertes, tal vez ásperas o muy largas y extrañas.

Mis palabras son bilingües. Hace tiempo pensé que mis frases eran dulces, tiernas y que podían transmitir amor y pasión, y dar color, vida, sentido y figura a las palabras que a ellas componían. Mis frases en el presente tienen más poder.

Oscuridad.

darkness

Vacío.

emptiness

91

Sin color, ni sabor.

colorless, without flavor.

Se pierde el sentido,

la vida,

the life

el sonido,

the sound,

el canto.

my songs

El susurro,

the whispers

se desvanece.

· *It fades away*

El rojo,

the redness

el olor,

the smell

el sabor,

the flavor

y el amor

desaparecen.

Dissapear

Enmudecen:

los pueblos

la mañana,

el viento,

la noche

y los sueños.

I'm still dreaming. I am still translating my visions, my feelings, my love, my desire of living and my love for you and your eyes.

LAVADO A MANO

Las lavanderías de carros en California son un gran negocio. Hay tantos carros, y de alguna manera hay que mantenerlos limpios. Cada año, aparecen nuevos modelos de autos. Hay tantas ofertas que es tan fácil hacerse de un automóvil, como hacerse de un par de zapatos. Hay una gran necesidad para transportarse, también hay tanta soledad. Muchos individuos tienen que refugiarse en lo material, tratar sus propiedades como lo único valioso que hay en sus vidas y así reemplazar la falta de calor humano. Y, ¿por qué no? Un carro puede ser la solución. Y, pues a este hay que amarlo, y limpiarlo.

Las lavanderías de automóviles en el área de la bahía de San Francisco, en California, están siempre ocupadas a mediados de semana y atestadas de clientes exigentes, durante los weekends. Lavado completamente a mano. Todo hecho por profesionales. Especial trato a su automóvil, shampoo, cremas protectoras, brillo a las llantas, aromas de muchos sabores, y muchos otros trucos para engañar a los desventurados vanidosos. Esto es lo que estos negocios ofrecen.

Los que hacen el trabajo son tan dedicados que tratan a los carros con tanta delicadeza. La rutina de los trabajadores

95

de la limpieza, va desde aspirar el interior de los lujosos Mercedes Benz, Toyotas, Hondas, Cadillacs, Porches, BMW, VW, Fords y toda la maraña de carros que existen en este país amante del automóvil. Hasta, manejarlos sin tener licencia de conducir, lavarlos, secarlos, acariciarlos, soñar con ellos, mentarle la madre a los clientes que no se mochan con los tips y, por qué no, de vez en cuando hasta chocar uno que otro de estos valiosos juguetes.

La moda en este negocio es el de hacer este trabajo *completamente a mano*. Es decir, las maquinas han sido reemplazadas por humanos. *El Car Wash* que ofrece este tipo de servicios gana fama, y cada vez amplía más su clientela, gana mucho dinero, emplea a mucha gente, en su mayoría jóvenes negros, inmigrantes asiáticos, blancos fracasados y, por supuesto centroamericanos, sudamericanos y muchos mexicanos.

Para efectuar este tipo de faenas no hay nadie más apto que individuos con no muchas opciones para desarrollarse en otros trabajos, los cuales requieren habilidades especificas. Para muchos inmigrantes este empleo es solo un escalón en su ascenso hacia mejores oportunidades. También este es uno de los tantos empleos al que los inmigrantes estamos destinados.

Y hablando de mojados, estos hombres y mujeres que trabajan lavando carros, sí son verdaderos mojados y no por el hecho de haber cruzado el río grande, sino por las mojadas que se llevan en el trabajo. Hay que recordar que todo es a mano. Estos compas sí que se parten el alma para poder ganarse su dinero, y ayudar a los que se quedaron allá en el Salvador, Nicaragua, Mindanao, Michoacán, Oaxaca, Vietnam, Durango, Guatemala, Guanajuato, Teherán, Honduras y tantos otros lugares.

En las lavanderías de carros para trabajar no se necesita nada más que necesidad. No educación. No *intelectual skills*. No rebeldía. Sumisión, y si no hablan inglés mejor, así no se pueden defender. Estos lugares de trabajo están llenos de *raza*. En algunas partes los trabajadores orgullosamente dicen que esos trabajos están controlados por trabajadores mexicanos. Irónicamente no están controlados por ellos, ellos son una pieza principal en este negocio. Ellos son los que son usados pero no precisamente indispensables. Si en algún momento protestan por las condiciones de trabajo, fácilmente pueden ser reemplazados por posiblemente otro trabajador más joven y más sumiso.

Lavar carros en los Estados Unidos, es obviamente más redituable que hacerlo en los lugares de donde se viene. Este es uno de los tantos trabajos manuales que aquí se pueden conseguir. Al arribar a este país hay que entrarle a todo. Mal pagado y explotado, de todas maneras para muchos esto es mejor que lo que se les ha negado en sus países.

Estos negocios son pues una opción para los que aquí llegan. Por lo menos en el estado de California este tipo de empresas esta creciendo gracias al exceso en el uso del automóvil.

Eh aquí una alternativa para los nuevos o futuros migrantes.

MUJERES

La mujer dentro de las actividades sociales o políticas ha sido marginada a lo largo de la historia. Ellas, al igual que los hombres, tienen la misma colaboración en cada cambio generado dentro de la sociedad. La situación de las mujeres ha sido afectada por diferentes circunstancias. La religión, la educación, las tradiciones y el machismo, son algunos de los factores que han "permitido" a las sociedades conservar a la mujer bajo opresión.

En Latinoamérica el catolicismo ha servido para encasillar a la mujer dentro de una misma posición. Es muy difícil para ellas decidir si quieren o no casarse, tener hijos o por lo menos cuántos prefieren. Los hombres decidimos por ellas. En la mayoría de los casos, la palabra de dios lo hace. Entre menos educación tenga una mujer, es más fácil manipularla.

Las mujeres en muchos lugares son apreciadas por su belleza, por su virginidad, por lo que materialmente poseen, mas no como un ser humano que piensa y actúa de la misma manera que todos.

En algunos lugares, si una mujer se va del pueblo a la ciudad, al regresar ésta ha perdido su "valor". Entonces, es muy difícil que consiga un marido. También, si una mujer intenta educarse y si lo logra, ya jamás será igual. La mujer debe estar dedicada al hogar y a los hijos. La mujer no debe trabajar porque por eso se casa. La mujer no debe salir con amigos o amigas después de casada, porque cuando se casó el sacerdote se lo advirtió.

Sin embargo, el hombre sí puede hacerlo. Inclusive, se le admira si lo hace. Un hombre es más macho si tiene más de una mujer e hijos por todas partes. La sociedad no permite esto para las mujeres.

Las mujeres siempre han luchado por sus derechos. Recordemos a aquellas que, en 1848, en la Convención de las cataratas del Séneca, en Nueva York, iniciaron el primer movimiento femenino para que les fuera concedido el derecho a votar. ¿Qué hubiera pasado si durante la Revolución Mexicana las soldaderas no hubieran peleado al lado de sus hombres? ¿Se hubiera triunfado así si ellas hubieran tenido el derecho de opinar y dirigir? ¿Los que triunfaron hubieran triunfado? En todos los acontecimientos, las mujeres han estado presentes. Lo que no ha pasado es que no hemos aceptado darles un lugar.

Hace algunos años, estando trabajando en un pueblo remoto del sur de Oaxaca, uno de los lugareños quiso ayudar a una compañera de trabajo a cargar sus cosas. La intención fue del todo buena. La mujer no aceptó que este hombre le ayudara. Entonces, este hombre le hizo un comentario: las mujeres no deben cargar cosas pesadas. La compañera se rió mucho. Entonces hizo un comentario que siempre recuerdo: en este pueblo he visto más mujeres cargando que los hombres. Es cierto. Las mujeres indígenas en mi tierra cargan al niño en la espalda, el canasto en la cabeza y a veces leña en los brazos. Ellas siempre están ocupadas. Siempre están cargando. Siempre están pariendo hijos. Las mujeres de mi tierra siempre están trabajando.

Con el paso del tiempo, y con luchas constantes, se han ido logrando cambios que benefician a las mujeres. Actualmente hay más mujeres en cargos públicos. El hombre no les ha concedido nada. Los derechos les corresponden. Ellas han luchado arduamente para imponerse como seres humanos.

SAN MARTÍN TILCAJETE

Entre la magia y el surrealismo

San Martín Tilcajete es una población localizada aproximadamente a dieciséis kilómetros al sur de la capital del estado de Oaxaca, México. Como en la mayoría de los estados de la República Mexicana, aquí gran parte de la población es indígena.

Como parte del legado histórico, en este pueblo se cree en Dios. Se adora a la muerte con mucho fervor. Se le teme al diablo. Se practica el "tequio" (trabajo comunitario), actividad prehispánica aún vigente. Aquí se toma mezcal y se comen chapulines. Las tortillas tlayudas con frijoles, guajes, chepiches, un pedazo de tasajo -si se tiene- y un chile de agua son manjares zapotecas.

Cada once de noviembre se festeja al santo patrón. San Martín Obispo, es el santo que le ha dado el nombre a este pueblo; este pueblo que puesto como un brochazo en medio del reducido valle oaxaqueño, ha sabido mantener sus costumbres y tradiciones al paso de los siglos.

Aquí hay profesionales de distintas disciplinas, también hay personas que no saben leer ni escribir. Hay curanderos. Y hay unidad. Aquí todavía converge la necesidad de los pobres con la bondad de los corazones para hacer una sociedad sustanciosa. La virgen de Guadalupe se aparece cada doce de diciembre, en la misma loma donde la Santa Cruz es adorada cada tres de Mayo. La Semana Santa, con sus colores morados y negros, dan un marco luctuoso a los días calurosos de la cuaresma.

Aquí hace tanto calor como en el mismísimo *Cómala* de Juan Rulfo y el rancho la Media Luna de Don Pedro Páramo (*El llano en llamas*). Lo que aquí todavía no sabemos es si hay que llevarse la cobija al infierno, después de muerto.

Los que aquí han muerto, deben estar en el paraíso. Por estos lares todavía existe la hora mala. De vez en cuando se aparecen *naguales*.

Aquí se cree en la magia que ciertas personas han heredado de los antepasados. Al medio día o a la media noche se aparece la *Matlaltziuatl*. Una hermosa mujer que seduce a los hombres, se los lleva lejos, les hace el amor, los abandona y, después de esto, todo puede ser posible. Hasta perder la razón.

La magia de este lugar no tiene límites. Los niños pueden enfermarse de mal de ojo. La bruja puede venir a «machucarles» en las noches. También se deshidratan por la diarrea, debido a una infección estomacal. Aquí se usa el botonchigüite (planta medicinal) para las calenturas.

Alguno de los santos tiene que salir a hacer un recorrido por las calles del pueblo si la lluvia se escasea. Aquí se bendice el maíz. En abril se bendicen los toros y todos los animales domesticados. Aquí también se consulta el cielo para pronosticar las estaciones del año. Los teléfonos celulares están rompiendo las barreras de comunicación. Sin embargo, la desinformación aún persiste.

Todo lo surreal y lo real de esta población se refleja en sus artesanías. La madera forma parte de la vida diaria de los san martileños. Las figuras que son hechas de madera del árbol llamado copal, pueden ser *naguales, matlatlziuatls*, víboras, seres de otro mundo, alebrijes, lagartijas, máscaras tristes o sonrientes, con bigotes o lampiñas. Pueden ser carretitas tiradas por una yunta de toros pintos, mecos o mulatos. Pueden ser marcos decorados con vírgenes, cristos ensangrentados o ángeles con ojos azules y cabellos rubios.

También hay calaveras blancas y sonrientes, músicos o diablos emborrachándose alrededor de una mesa llena de cervezas. Aquí todo se interpreta, toma forma y se pinta con todos los colores existentes.

Sin embargo, el copal está en peligro de extinción. ¿Qué pasará cuando este árbol deje de existir? ¿Quién será el próximo?

Aquí todo es impredecible. Seguramente las nuevas generaciones están encubando nuevas ideas; porque es bien sabido que en gran parte de la existencia de estos pueblos, y como una consecuencia generada por la invasión europea, nuestra cultura ha sido desvalorizada. Nunca estos pueblos fueron primitivos o inferiores, simplemente fueron y son diferentes de acuerdo a las épocas que han sobrevivido.

A pesar de todo, la rica forma de vida de esta población conformada por zapotecas, raza milenaria, continúa perseverante.

Lo real y lo surreal de esta tierra oaxaqueña permanecerá mientras se sigan conservando y heredando las tradiciones a las nuevas generaciones, por los siglos de los siglos.

EN EL DÍA DE LOS MUERTOS

Festejando la vida en el otro lado

Que lejos estoy del suelo donde he nacido...

José López Alavez

¿Y qué es morirse? Irse, en muchas ocasiones, sin despedirse. Morir. Es el fin de la estancia en este maravilloso mundo. Es el sueño eterno, en el cual no hay que preocuparse por soñar. Los sueños parten con nosotros al mismo tiempo. El tren de partida, sin origen, sin final, sin estaciones intermedias. El final de la jornada. El calor agobiante del desierto de Texas o Arizona. Desolación. El pinche frío de estar lejos. Morirse lejos del ser amado. Desaparecer en la inmensidad de un tiempo globalizado. Ahogado. Perderse en las corrientes de un río que cada ano se pone más bravo. Deshidratado. Morir por la lucha de ideales. Morir por buscarse un mejor despertar. Morir para volver en los meses de melancolía, octubre y noviembre.

Amo la vida

llena de sueños,

de amores,

de flores,

de tropiezos,

de triunfos,

de apasionadas noches,

105

de cuerpos ardientes,

dc secreciones,

de llantos,

de perdón,

de injusticias,

de luz,

de oscuridad,

de energía,

de hombres y mujeres,

de animales y plantas,

de ganas de vivir.

¿Y qué es la muerte? Si morir es simplemente desaparecer de la faz de la tierra. Los cuerpos se van. Los recuerdos permanecen por un tiempo definido. Las cruces oxidadas. Las flores secas, de plástico, podridas mueren al mismo tiempo. Los cuerpos inertes. Los cubre el tiempo con su manto de ingratitud. La muerte existe. Vive. Está entre nosotros. Con muchos disfraces se viste. Se anuncia cuando la brillantez de las miradas se vuelven tristes. Al nacer. A mitad del camino, que sorpresivamente se vuelve final.

¿Cuánto dejamos como legado a este mundo? Muere solamente parte de nosotros si de alguna manera dejamos vestigios de nuestro paso por este hermoso mundo que hemos vuelto loco.

Morir por una causa / sin causa.

Morirse de ganas de tenerte

Muero por ti,

muero de amor,

Fallezco,

debajo de ti.

Expiro,

contemplando tu espalda,

tus largos cabellos

y apretando tus muslos pegajosos.

No quiero morir por mí.

Si así fuera la muerte que me llevara.

Piropeamos.

Morirse de risa.

Morir y morir y morir,

sin dejar huella, es morir de verdad.

Jugar con la muerte,

Insultarle,

Respetarla.

Enfrentarla.

Mentarle la madre.

Provocarle.

Resucitar.

En cuántas ocasiones se resucita gracias a las contribuciones dejadas para las generaciones que nos prosiguen. Volvemos. Los nombres de los muertos se desempolvan. De los recónditos rincones de la memoria se renace. Se revive. Es por eso que hay héroes nacionales. ¿Por cuanto tiempo? Solamente los muertos lo saben.

Volar.

Levitación de almas

Sumergirse en la inmensidad de lo inmenso.

De la mano de la muerte,

recorrer la otra vida,

en la cual no se muere.

De la eternidad,

regresar.

Escoger el tiempo adecuado,

el día de los muertos.

Vivir los momentos,
vivos,
cuando la misma vida está vestida de luto.

_____ ON THE TOP OF THE HILLS

Once, I was asked to write expressing my fear of storms. I dug into my memory without luck; I have never been afraid of storms. Instead, I found that I fear injustice, oppression and the fact that my own family and my country's people became expensive human cargo while migrating to the United States.

I was standing on the top of an eroded hill. The place was full of life, craziness, and disgrace. It was a cold night of October. Above us, the sky was covered with stars. And from where I was, I could see the point where two worlds converge. La Frontera. There on the top of the hill, I was with dozens, maybe hundreds of other solitary souls waiting for the time to depart and pursue the common dream: El Norte. At that moment, surrounding me were human shadows, voiceless bodies and expensive merchandise: each shadow had a price tag attached to its strong back. We were cheap human labor, because each pair of arms meant profits in the labor market.

On the bottom of the hill, out stretched the city. There, the tangle of lights was illuminating the tedium of another dying day in the Border City of Tijuana. I was anxious. Perhaps full of fear, sadness or pain. However, I as well as the others were protected by the darkness of the same night. I turned toward the Border City, and, from the distance, saw the dimming lights blinking, waving a farewell, a good bye, maybe un hasta nunca.

In the deepest of my worries I tried to distinguish the words that were spilled out over the emptiness of night. The voices mixed with the murmuring of a light wind and carried away. Suddenly the voices without faces faded and the night wore its tranquility. Everybody was quiet except for one man who shouted orders. Como el aullido de un Coyote. "It's time to leave," the rough, demanding voice said, "I already gave you instructions, so do not ask me anything anymore. Just do what I say, and if there is any person who doesn't have the balls to go, get the fuck out of here right now".

There were no responses.

Run and hide. Hide and lay down. Get down. Run. Hide. Sweat. Be quiet. Evading the migras and the potent lights of a helicopter was the challenge. There are no dangers to be taken under consideration at the moment of crossing the border illegally. The canyons are shelters. Any bush is a potential cover with no time to fear a hiding snake. God exists at that moment. The Virgin crosses the border with us and she never gets caught. It is migration in reverse, not to the Bering Strait but to any place where dollars exist. There is no political purpose and no ancestral land to be claimed. Poverty forced that herd of souls and myself to sneak into the United States, that cold and dark night of October. It was part of the dream, the beginning of a nightmare for some. For others the awakening to the American Dream.

Run up. Run down. Climb these cliffs. The lights are there, right on the other side. They are blinking, twinkling and welcoming you. ! Bienvenido! Bring not your tiredness but your force, your thinking, your whole body. Here is the freedom. ! La Libertad! I want you, and I despise you. So, run and hide now. In time I will embrace you. I am the great America! Porque gracias a ti soy grande!

From where I am sitting now, I have a beautiful view. From here, I see another city. The day is ending and the lights of the night start to glance. The reflection of the crepuscule on the waters of San Francisco's estuary frames the picture. I am on the top of a hill. There presides a huge room filled with thousands of books. Quiet people read. Some write. Apparently, they are lost in the deepness of their commitment to learn. Perhaps flashing back to the past, they try to find their own reason for being here.

I am there, amongst the sea of university students. I quietly and comfortably struggle, defeating the obstacles to eventually become an educated Mexican migrant. However, I still find the time to look back to the night, when on the top of the hills of the Mexican border, I was surrounded by human shadows, voiceless bodies, valuable merchandise. From the point where I am now, I see how slowly my spot on the border's hill has been faded. The rain, the wind and father time has eroded it. At this point, I have recovered my breath, and my voice. I've put aside my price tag. I will not be sold again. I am fearless. I am strong. Fortunately, while continuing to construct my life, I always find a gap where I can insert the revival of an unforgettable past.

Amen.